Reise durch ein magisches Land **MALI**

Typographie und Gestaltung

YVONNE MEYER-LOHR

Reise durch ein magisches Land

MALI

Text
PETER PANNKE

Photographie
HORST A. FRIEDRICHS

Frederking & Thaler

INHALT

ES BEGANN MIT EINEM TRAUM

Als ich im Januar 2004 zum ersten Mal in Bamako landete, ging es mir wie den meisten, die ein neues Land betreten: Ich war verwirrt. Von dem Stimmengewirr am Flughafen verstand ich kaum ein Wort; der Mann, der versprochen hatte mich abzuholen, war nicht zu finden; ganze Scharen von Taxifahrern rissen mir mein Gepäck aus der Hand und versuchten mich in ihre Wagen zu zerren. Doch ich hatte Glück – ein Filmteam der BBC, das genau wie ich zum ‚Festival au Desert' wollte, nahm mich mit. Die Tuareg hatten zu einem Weltmusikfestival in der Oase Essakane eingeladen.

Die Landschaft, die vor den Autofenstern vorbeizog, verwandelte sich allmählich von einer Savanne in eine Wüste. Riesige Baobabs tauchten auf, manchmal mußte der Fahrer die Geschwindigkeit verringern, um einer Ziegenherde oder einem Eselskarren auszuweichen. Am zweiten Tag bog er von der asphaltierten Straße auf eine lehmbraune Piste ab, die mitten durch die Wüste führte. Am dritten Tag war auch diese Piste verschwunden – geschickt Gestrüpp und Abhängen ausweichend, stets darauf bedacht, daß wir nicht im Sand steckenblieben, trieb er das Fahrzeug über die Dünen. Das Festival in der Oase von Essakane brachte nicht nur wunderbare Klänge und aufregende Begegnungen, sondern vermittelte auch eine Ahnung von der Härte des Nomadenlebens – der Weg durch den

Sand war mühevoll, der Wind trieb den Staub durch das Lager, Wasser war knapp, aus unseren Schlafsäcken mussten wir erst einmal die Skorpione herausschütteln, bevor wir uns hineinlegten. Auf den Rückweg machte ich mich auf eigene Faust, aber die bestellte Pinasse für die Fahrt nach Mopti erschien nicht, und das angeheuerte Auto brach nach wenigen Kilometern zusammen. Sandkörner schienen sich in meiner Lunge festgesetzt zu haben, ständig mußte ich husten. Erschöpft kam ich in Bamako an. Ich hatte genug von Mali gesehen, dachte ich mir und suchte das Büro der Fluggesellschaft auf, um meinen Rückflug vorzuverlegen. Doch die Flüge waren ausgebucht, und so begab ich mich in ein Hotel am Stadtrand, abseits von Staub und Lärm, um mich zu erholen.

Nachts um drei wurde ich plötzlich wach. Es war dunkel. Um ein Haar hätte ich den Traum wieder vergessen, der mich aufgeweckt hatte. Doch während ich mich umdrehte, fielen mir die beiden Äffchen wieder ein, die ich im Traum gesehen hatte. Langsam kehrte die Erinnerung zurück. Waren es wirklich Affen gewesen? Sie hatten auch etwas von Pekinesen an sich, trugen Phantasieuniformen, die mich an die Kleidung von Voodoo-Priestern erinnerten. Der Ort, an dem ich mich befand, war ein Königshof. Der König war gerade ausgegangen, ein hoheitsvoller, unendlich schöner junger

Mann mit langen blonden Locken und einer Aura großer Freundlichkeit. Ich konnte gerade noch einen Blick auf ihn erhaschen. Dann sah ich die beiden übermütigen Äffchen, die im Thronsaal herumtobten. Sie gehörten zum Hofstaat. Während die beiden Äffchen leicht wie Federn in eleganten Schwüngen bis hinauf zur Decke flogen und in Windeseile und ohne jede Anstrengung in alle nur möglichen Richtungen abbogen, erklärten sie mir die Beschaffenheit des Reichs der Träume, das weit flexibler und elastischer sei als die Welt des Wachseins, in der man mühevoll durch den Wüstensand stapfen mußte und immer am Boden zu fest zu kleben schien. Auch die Wände wurden jetzt durchsichtig, und ich konnte hinüberblicken in die Welt des Wachseins. Es war sonderbar, was ich da sah: dort im Wachen konnten die Menschen immer nur in eine einzige Richtung schauen. Ihr Blick war starr; manche starrten jahrelang in eine einzige Richtung und hielten sich für unendlich einsam, weil sie die vielen Wesen, die hinter und neben ihnen standen, nicht wahrnehmen konnten. Auch mich selbst sah ich da sitzen, und wie ich nichts sah außer einem staubigen Land, in dem nichts so richtig zu funktionieren schien. Ich hatte meinen Kopf zwischen den Händen vergraben, starrte ins Leere und hatte Kopfschmerzen, während ich immer mehr von meiner Kraft verlor. Ich sah auch, daß ich nur einer von vielen war, die in ähnlicher Erstarrung lebten. Schon im Wachsein war sich ein kleiner Teil von mir darüber bewußt gewesen, daß das, was ich da sah, nicht die ganze Wirklichkeit war, sondern nur ein winziger Ausschnitt – ein Staubkörnchen in einer vielfältigen Realität, zu der auch das Reich der Träume gehörte.

„Dummkopf!" riefen mir die Äffchen zu. „Was weißt du denn schon von den Welten des Wachens und des Träumens?" Sie packten mich bei den Armen und wirbelten mich mit sich herum. Und während ich so durch den Raum flog, konnte auch ich plötzlich in alle Richtungen gleichzeitig blicken. Auch die Welt des Wachseins war nicht absolut starr – sie bewegte sich nur viel, viel langsamer. Dort dauerte es viele Jahre, bis ein Baum sich zu seiner vollen Form entfaltet hatte, alles schien unendlich langsam zu gehen – in der Traumwelt konnten Vorgänge wie dieser auf ein einziges Augenzwinkern zusammenschnurren. Ich erinnerte mich daran, wie endlos lang mir die Fahrt von Bamako nach Essakane vorgekommen war; im Traum dagegen konnte ich mich in Blitzesschnelle an jeden Ort versetzen, wenn ich nur an ihn dachte. Auch die Gegenstände waren hier nicht undurchdringlich wie in der Wirklichkeit, die ich bisher gekannt hatte, sondern belebt und durchlässig.

Dann zeigten mir die Äffchen Stellen, an denen sich die beiden Welten begegneten. Am Nachmittag hatte ich im Garten hinter dem Hotel die Statue eines Pferdes entdeckt. Es war aus Beton und schwarz, auf ihm ritt ein in einen roten Umhang gehüllter Reiter. Der Beton war an manchen Stellen brüchig, die Statue schien bereits zu zerbröckeln, aber gerade das hatte mich fasziniert. Im Sonnenlicht hatte der Reiter ganz ruhig dagestanden, aber jetzt bewegte er sich, und ich bemerkte, daß er eine Botschaft aus dem Traumreich überbrachte. Auch ein lebendiges Pferd, einen Schimmel mit rötlichem Schwanz, hatte ich vor der Tür meines Bungalows unter einem Mangobaum friedlich grasen sehen, und auch er hatte etwas mit dieser Botschaft zu tun. Ich konnte sie nicht entschlüsseln, aber ich spürte, daß ein Geheimnis darin verborgen lag.

Die beiden Äffchen verloren kein Wort über die Lösung des Rätsels, aber als sie mir dies alles vor Augen führten, verstand ich plötzlich, daß es gerade das Zerfallene, das Zerbröckelnde und Unfertige war, das einem erlaubte, aus der Welt des Wachseins hinüberzuschlüpfen ins Land der Träume. Es waren die seltsamen Zeichnungen im zerbröckelnden Mauerwerk, die Spuren im Sand, der verblichene Farbfleck an der Wand, das mit öligem Wasser gefüllte Schlagloch, die Maserung des gekrümmten Astes, der bemooste Stein, die die Übergänge in eine andere Welt darstellten. Wenn man versuchte, den Anstrich auszubessern, die Löcher in der Straße zu stopfen, den Ast zu glätten oder das Moos zu entfernen, dann verschwanden die Schlupflöcher zwischen den Realitäten, aber wenn man die Dinge so betrachtete, wie sie waren, und nur dann etwas veränderte, wenn man es für absolut notwendig hielt, blickte man nicht nur tiefer in die Dinge hinein, sondern durch sie hindurch in eine andere Welt.

Manchmal, wenn ich ein Bild betrachtet oder einen Klang gehört hatte, der aus einer anderen Welt zu kommen schien, hatte ich etwas davon gespürt. Ich erinnerte mich an das tröstliche Gefühl beim Betrachten eines schönen Bildes oder beim Hören einer bewegenden Musik – das waren Botschaften, die einem Hoffnung gaben, daß die Welt hinter den festen Gegenständen, an denen man sich den Kopf wund stieß, nicht zu Ende war.

Und plötzlich begriff ich, daß ich Mali mit falschen Augen betrachtet hatte. Ich hatte nicht verstanden, daß der Staub, den mir der

Fahrtwind ins Gesicht geblasen hatte, zwischen den Welten hin und her wehte, daß das Brummen des Motors und die Hitze mich einschläferten, damit ich lernte, die Bilder hinter den Bildern zu entdecken. Wie töricht war es gewesen zu bemängeln, daß in Mali nicht alles so funktionierte wie in dem Land, aus dem ich gekommen war. Die Zeichen waren immer dagewesen, ich hatte sie nur nicht gelesen. Die beiden Äffchen zeigten mir, wie ich den Träumen auf die Spur kommen konnte. „Schau dir unser Land richtig an!" schienen sie mir nachzurufen, als sich der Traum auflöste. „Hier kannst du etwas lernen! Wenn du wissen willst, wo das wirkliche Mali liegt, mußt du die Malier nach ihren Träumen fragen." Am nächsten Morgen waren meine Müdigkeit und Erschöpfung verflogen. Das Land, die Menschen und die Dinge erschienen mir in einem völlig neuen Licht, und ich nahm mir vor, dem Rat der beiden Äffchen zu folgen.

Einen Monat später war ich zum zweiten Mal in Mali, diesmal zusammen mit meinem Freund, dem Photographen Horst A. Friedrichs. So begann die Reise, auf der wir erstaunliche Dinge entdeckten und auf der uns die Menschen, denen wir begegneten, vom Mali ihrer Träume erzählten. Das wirkliche Mali ist nicht materiell – es ist eine Folge von Bildern, die in unserem Hirn aufblitzen, ein Spiel der Neuronen, ein Selbstgespräch des Gehirns, mit dem wir uns ununterbrochen unserer eigenen Existenz durch die Bilder, die wir sehen, versichern. Von den Menschen in Mali lernten wir, durch sie hindurchzuschauen. So wurden die Grenzen zwischen Traum und Realität fließend – und dieser Fluß der Neuronen ist weit rätselhafter als der Verlauf des Niger. Der Humor und die Gelassenheit, mit der die Malier ihre Existenz in einem Land betrachten, das nur in materieller Hinsicht zu den ärmsten der Welt gehört, war der größte Gewinn, den wir mit nach Hause brachten. In diesem Buch möchten wir Sie dazu einladen, diese Entdeckungen mit uns zu teilen.

TOUMANI DIABATÉ Der Prinz der Kora

Toumani Diabaté, der große Musiker, der die 21saitige Kora spielt, die alte Harfe der Griots des Mandé-Reichs, war der erste, dem ich von meinem Traum erzählte. „Al-hamdoulillah!“ rief er aus. „Unsere Träume kommen von Gott. Sie sind ein Segen, der uns von Gott geschickt wird, wie Essen und Trinken. Mehr als 90 Prozent der Menschen in Mali sind Muslime. Wir glauben, daß uns Träume Botschaften bringen. Manche Menschen können im Traum sogar die Zukunft vorhersehen.

Jeder von uns hat vier Augen. Mit den zwei Augen in unserem Kopf sehen wir die äußeren Dinge, die beiden anderen aber, die inneren Augen, öffnen wir nur dann, wenn wir die beiden äußeren schließen und uns schlafen legen. Man weiß nie vorher, was man träumen wird, aber schlafen muß jeder, und jeder von uns hat Träume. In Mandinké sagen wir deshalb, daß der Schlaf der kleine Bruder des Todes ist.

Musik machen ist etwas anderes als Träumen. Musik beruht auf Inspiration. Man kann sich hinsetzen und sich vornehmen, in einer bestimmten Tonart zu improvisieren oder dieses oder jenes Stück zu komponieren. Mein Vater, Sidiki Diabaté, wurde der König der Kora genannt. Ich habe seine Spieltechnik weiterentwickelt und die Kora zu einem universalen Instrument gemacht, mit dem ich

DER KLANG DER KALEBASSEN

Der Klang Malis wird immer noch von Kalebassen bestimmt. In den Händen der Griots werden die ausgehöhlten und getrockneten Kürbisse – halbiert und mit Kuhfell bespannt – zur Kora.

unsere Musik aus Afrika in die Welt hinausgetragen habe. Wenn fremde Würdenträger und Staatsgäste von unserem Präsidenten empfangen werden, überreiche ich ihnen eine Kora als Symbol unserer Kultur. Ich bin stolz darauf, daß ich der erste Kora-Spieler bin, der – zusammen mit Ali Farka Touré – einen Grammy Award verliehen bekam. Auch das war die Erfüllung eines Traums, denn das Wort Traum hat ja noch eine zweite Bedeutung – es kann auch eine Hoffnung oder einen tiefen Wunsch ausdrücken.

Vor 20 Jahren hatte ich den Traum, ein Orchester zu gründen, in dem ich die Musik der verschiedenen Regionen des alten Mandé-Reichs zusammenführen könnte. Ich vereinte Musiker aus allen Regionen Westafrikas, aus Guinea, Senegal, Burkina Faso, der Elfenbeinküste, und gab uns den Namen Symmetric Orchestra, was die Balance zwischen authentischer Tradition und zeitgenössischer Moderne und die Harmonie der Stile und Instrumente ausdrücken soll. Musik kommt aus dem Herzen, sie ist die Erfüllung eines Traums. Ihre Sprache ist überall gleich, sie verbindet uns und drückt etwas aus, was sich mit Worten nicht sagen läßt. Man kann die Musik niemals zu Ende spielen – sie ist größer als wir. Für mich ist Musik wie der Niger: Man kann zu ihm kommen und seinen Durst stillen, aber niemals kann man den ganzen Fluß austrinken!“

Strom der Ströme NIGER

Der Niger schlägt einen riesigen Bogen durch die westafrikanische Flußlandschaft, an dessen Scheitel Mali liegt. Der Fluß entspringt im Fouta-Djalon-Massiv im Grenzland zwischen Guinea und Sierra Leone, strömt dann landeinwärts hinunter in die Ebene, passiert die Hauptstadt Bamako und verbreitert sich in der Regenzeit zwischen Djenné und Timbuktu zu einem riesigen Binnendelta, bevor er sich an seinem nördlichsten Punkt, weit hinter Timbuktu, wieder nach Süden wendet. Wenn in den Bergen die Regenzeit einsetzt, dauert es ein ganzes Jahr, bis die Fluten das vielfältig verzweigte Delta im Golf von Guinea erreichen und sich in den südlichen Atlantik ergießen.

Den Europäern hat dieser merkwürdige Verlauf seit dem Altertum Rätsel aufgegeben. Herodot war davon überzeugt, daß es sich bei dem Fluß, den er nur vom Hörensagen kannte, um einen Nebenarm des Nil handeln müsse. Im 17. Jahrhundert glaubten europäische Forscher, daß der Niger nach Westen fließe und in den Senegal münde. Diesen Irrglauben berichtigte der Schotte Mungo Park, der den Strom 1796 als erster Europäer erblickte. Wie vielen anderen, die das Geheimnis des Flusses lüften wollten, wurde er ihm zum Verhängnis: Als er versuchte mit einer Piroge flußabwärts zu fahren, ertrank er in den Stromschnellen von Brussa.

Dafür, daß der Fluß mitten in der Wüste plötzlich seine Richtung ändert und wieder zur Küste zurückfließt, gibt es bis heute keine schlüssige Erklärung. Die Geographen vermuten, daß der Niger aus zwei verschiedenen Flußsystemen entstand: Der Oberlauf versickerte in einem See in der Sahara, aber in den benachbarten Hügeln entsprang ein zweiter Fluß, der dem Meer zufloß. Als vor mehreren tausend Jahren die Wüste austrocknete, könnten sich die beiden Flüsse miteinander verbunden haben.

Die Bewohner der Sahelzone haben eine andere Erklärung: Der Niger sei der Lieblingssohn Gottes gewesen, erzählen sie. Als er seinem Vater ungehorsam wurde, habe ihn dieser zur Strafe so lange in der Wüste umherirren lassen, bis er Reue zeigte und den Weg zurück zur Küste gewiesen bekam. Eine andere Geschichte berichtet, daß zu der Zeit, als der Himmel noch erreichbar war und sich jeder ein Stück von ihm herunterreißen konnte, ein junges Mädchen zuviel nahm – worauf sich der Himmel verärgert zurückzog und der Niger die Orientierung verlor.

Die mehr als hundert Millionen Afrikaner, denen der Fluß ihr Überleben selbst in Zeiten der Dürre sichert, haben ihm verschiedene Namen gegeben. Djoliba nennen ihn die Mandinké, die größte von den etwa 30 ethnischen Gruppen, die in Mali leben. Isa Ber, der

große Fluß, heißt er bei den Songhai. Den Namen Niger prägten die Portugiesen. Sie meinten, das portugiesische Schwarz aus der Bezeichnung Ghir n-igheren herauszuhören – so nennen die Tuareg den Fluß: Strom der Ströme. Ein weit passenderer Name, denn der Niger ist nicht schwarz. Seine Farbe changiert im Licht der Jahreszeiten und im Wechsel von Tag und Nacht: Hellblau schimmernd taucht er aus der Morgendämmerung auf, träge wälzen sich die graugelben Fluten durch den Vormittag, bleigrau liegt er in der Mittagssonne, kakaobraune Fluten ziehen nachmittags an den Dörfern vorbei. Im Widerschein eines Blitzes leuchtet er silbern-metallisch auf, im Licht der Abenddämmerung bildet er einen tiefblauen Kontrast zu den rosa Dünen am Ufer, bis ihn die Abendsonne vergoldet und sich die Sterne in der dunklen Tiefe zu spiegeln beginnen.
Tief unter seiner leuchtenden Oberfläche birgt der Niger Geheimnisse. Krokodile und die sagenumwobenen Manatins, bis zu drei-

einhalb Meter lange Seekühe, sind selten geworden, aber dem Flußpferd, dem Totemtier Malis, kann man in bestimmten Abschnitten noch begegnen. Doch nicht nur Tiere bevölkern die Tiefe, sondern auch Geister. Von Flußgeistern und riesigen Kapitänsfischen wird in Mali nur im Flüsterton erzählt, denn die Geister darf man nicht stören. Auch wenn der Niger meist behäbig dahinfließt, ist er alles andere als ungefährlich. Plötzliche Windböen können ein kleines Fischerboot zum Kentern bringen; leicht kann man sich im Gestrüpp des Bourgou-Grases verirren, das die Ufer über weite Strecken kaum erkennbar macht; Flußpferde können ein Boot angreifen. In der Tiefe lauert der leicht zu erzürnende Flußgott. Auch wenn der Islam, der seit Jahrhunderten die Herrschaft über den Tag angetreten hat, die alten Riten ablehnt, regieren in der Nacht immer noch die Geister. Es sind Geschichten von Tod, Trance und Traum, die in den Nächten an den Ufern des Niger erzählt werden.

IAMTHE
AMERICA
DREAM

Die Furt der Krokodile **BAMAKO**

Bamako ist die erste große Stadt, durch die der Niger fließt, nachdem er die Manding-Berge im Osten Malis durchquert hat. Obwohl hier eineinhalb Millionen Menschen leben, mehr als ein Zehntel der Einwohner Malis, bestimmen immer noch ein- oder zweistöckige Häuser in traditioneller Bauweise das Bild der Stadt. Im ehemaligen Regierungsviertel trifft man auf Bauten der Kolonialzeit, die wenigen Hochhäuser beherbergen Banken und Hotels. Der imposante Wolkenkratzer der Bank BCEAO, der von der Lehmarchitektur der Sahelzone inspiriert ist, dominiert die Skyline.

Bama heißt das Krokodil, Ko der Rücken oder die Furt – ein Überbleibsel aus der mythischen Zeit, als die Menschen noch mit den Tieren sprachen und unbesorgt auf dem Rücken eines Krokodils den Fluß überqueren konnten. Heute erreichen die Bewohner das andere Ufer über die beiden großen Brücken. Pont des Martyrs und Pont du Roi Fahd heißen sie offiziell, aber im Volksmund werden sie nur die alte und die neue Brücke genannt. Bis zum 2500 Kilometer entfernten Niamey, der Hauptstadt von Niger, sind es die letzten Brücken, auf denen Fahrzeuge den Fluß überqueren können – sein Lauf ändert sich so häufig, daß man nur Fähren einsetzen kann.

Schon am frühen Morgen pulsiert das Leben auf den Brücken, die die beiden Teile der Metropole miteinander verbinden. Das Stadt-

zentrum befindet sich am nördlichen Ufer, überragt vom Regierungssitz auf dem Colline du Pouvoir, dem Hügel der Macht. Von der gegenüberliegenden Seite grüßt der Colline du Savoir herüber, der Hügel des Wissens, dort ist die Universität angesiedelt.
Seit Jahren wird die Hauptstadt von Zuwanderern überrannt. Die Einwohner stöhnen unter der gelben Glocke aus giftigen Abgasen, die über Bamako hängt. Die Strom- und Wasserversorgung ist problematisch. Die Lehmwege, die von den asphaltierten Hauptstraßen abzweigen, weisen oft tiefe Schlaglöcher auf, und in der Regenzeit verwandelt sich die rote Erde in unpassierbaren Schlamm. Trotzdem ist das Leben alles andere als hektisch.

DER GROSSE MARKT

Ein großer Teil des Lebens spielt sich unter freiem Himmel ab. Obst- und Gemüsehändler, die ihre Waren auf dem Erdboden ausbreiten und die nähere Umgebung versorgen, findet man in allen Stadtvierteln, aber nur die großen Märkte im Zentrum bieten ein vielfältiges Sortiment an: Fisch und Geflügel wird – lebendig oder geschlachtet; roh, gekocht oder gebraten – angepriesen, ein wenig weiter haben Metzger ihre Fleischstücke an große Haken gehängt. Meist ist schon am Duft zu erkennen, wo man sich gerade befindet.

Eine Wolke von Wohlgerüchen kündigt schon von weitem die Stände der Gewürzhändler an, die Kräuter, Samen, Wurzeln und alle möglichen Pulver feilbieten, Steinsalz aus den Minen von Taoudenni im hohen Norden, Datteln aus der Wüste in verschiedenen Qualitäten, Erd- und Kolanüsse, Bohnen und andere Hülsenfrüchte.

Am intensivsten wird der Geruch bei den Händlern, die die Zutaten für die Herstellung von Wusulan anpreisen, dem traditionellen Räucherwerk Westafrikas, das bei jeder feierlichen Gelegenheit verwendet wird: von der Geburt über die Hochzeit bis zum Tod. Die Hausfrauen mixen es selbst aus einer Fülle duftender Essenzen: Myrrhe aus Gao, Timbuktu und Kayes; Ingwer, Minze und Zitronelle, die vor allem aus dem Süden stammen; Dutzende unterschiedlicher Hölzer und Wurzeln aus dem ganzen Land; Flechten und Moose von den Brunnen nördlicher Oasen oder tropischen Wäldern an der Grenze zur Elfenbeinküste; Basilikum aus den Wäldern, die an Guinea anschließen, Karité-Nüsse, die auch zur Herstellung von Hautcremes verwendet werden. Die Herstellung von Wusulan ist eine Wissenschaft für sich. Erotische Geheimnisse schwingen darin mit, aber auch die Erinnerung an die Worte des Propheten Muhammad, der von sich sagte, er liebe Wohlgerüche und Frauen mehr als alles andere auf dieser Welt. Der Islam, der im 13. Jahrhundert ein-

geführt wurde, führt eine Koexistenz mit traditionellen afrikanischen Bräuchen. Probleme scheint das kaum zu bereiten; auf dem Fetischmarkt werden im Schatten der Großen Moschee Gris-Gris genannte Zaubermedizinen wie Affenköpfe und getrocknete Krokodilhäute angeboten, unweit von Gebetsketten und Koranständern. Gegenüber der Moschee ballt sich das Geschehen zusammen. Auf dem labyrinthischen Grand Marché gibt es ganze Straßenzüge mit Töpferwaren und Schnitzereien, andere mit Aluminiumtöpfen, Pfannen und Emailleschüsseln aus China, wieder andere mit gebrauchten Möbeln; in einer Gasse werden Mobiltelephone verkauft und repariert, in der nächsten findet man alle Arten von Elektrogeräten, dann Ersatzteile für Autos, Fahrräder und Mofas sowie schließlich die Kleidungsstücke, die den meisten Platz einnehmen: Nylonunterwäsche, Herrensocken und Baseballkappen neben kostbaren Boubous und, immer wieder, die mit leuchtenden Mustern bedruckten Stoffe, die Wax genannt werden. Die Schneider sitzen mit ihren Nähmaschinen gleich daneben und nehmen Aufträge entgegen, denn Kleider werden immer noch maßgeschneidert.
Die Fertigware kommt aus Europa. Riesige Ballen mit Secondhand-Kleidern, die in Deutschland für karitative Zwecke in Container am Straßenrand geworfen werden, tauchen in den Schuppen am

DIE NIGERBRÜCKEN

Schon am frühen Morgen bis abends zur Rush-hour pulsiert das Leben auf den Brücken, die die beiden Teile der Metropole miteinander verbinden.

Kleidermarkt von Bamako wieder auf, wo sie von Großhändlern an lokale Wiederverkäufer versteigert werden. Sie sind die letzten und ärmsten in der profitablen Kette, die bei den westlichen Hilfsorganisationen beginnt. Keine dieser Organisationen gibt die Kleider selbst an die Empfänger weiter; die Spenden werden an internationale Firmen verkauft, die daraus Gewinn schlagen. Für Mali ist das ein Problem: Das Land ist zwar für die Qualität seiner Baumwolle berühmt, aber gegen die Billigware aus Europa kommen die einheimischen Produzenten nicht an. 150 000 Tonnen Altkleider gelangen auf diese Weise jedes Jahr aus Deutschland nach Afrika. Für ein Kilo ‚African Summer Mix', wie die für hohe Temperaturen geeignete Mischung aus alten T-Shirts und ärmellosen Hemden im Fachjargon genannt wird, zahlt der afrikanische Großhändler umgerechnet 50 Cent.

Vente de pret a porter

JUMBO
SAMAH

OLIVES

FOREIGN

CLUBS

Musik ist in Bamako zu jeder Tages- und Nachtzeit zu hören. In Dutzenden von Clubs wird, vor allem an den Wochenenden, bis zum frühen Morgen gejamt. Oft gibt es nur ein Set von Instrumenten – Gitarre, Baß, eine Kalebasse oder eine Djembe-Trommel – wenn einer sein Instrument niederlegt, wartet schon der nächste darauf, daß er weiterspielen darf.

MADINA N'DIAYES

In Mali war das Spiel der Kora eine Domäne der Männer, bis Madina sich für die Kora begeisterte, obwohl sie nicht aus einer Musikerfamilie stammte. Heute ist sie die einzige professionelle Kora-Spielerin des Landes. „Ich bin blind, aber nicht behindert", erzählt sie. „Für mich ist es kein Zufall, daß ich bei der Kora gelandet bin! Ich erinnere mich noch sehr gut daran, wie ich mich eines Nachts im Traum auf der Bühne stehen sah. Ich war barfuß und trug ein schwarzes, ärmelloses Kleid, lange Rastalocken hingen mir über den Rücken. Im Traum hatte ich mein Augenlicht noch nicht verloren, und so sagte ich mir, es wäre wohl besser, wenn ich wirklich die Kora spielen würde."

Afel Bocoum
JEMANI

SY SOULEYMANE SY Die Stimme des Krokodils

„Guten Abend, liebe Zuhörer! Hier spricht die Stimme des Krokodils. Willkommen zu unserem heutigen Nachtprogramm, in dem wir wieder Ihre Träume deuten werden – selbstverständlich auf althergebrachte Art und Weise. Auf keinen Fall werden wir Ihnen irgendwelchen Unsinn erzählen oder Sensationshascherei betreiben! Mit anderen Worten: Hüten Sie sich vor Scharlatanen!"

Auf dem Tisch im Studio steht ein geschnitztes Krokodil, über dem Mikrophon hängt ein Schild mit der Aufschrift „Radio Bamakan". Auf Bamabara bedeutet das die Stimme des Krokodils, übersetzt Sy Souleimane Sy, den alle nur Sy nennen. Jeden Dienstagabend begrüßt er seine Hörer, die auf die Interpretation ihrer Träume warten, die sie ihm im Lauf der Woche geschickt haben. Zu viele, um sie alle berücksichtigen zu können, erzählt Sy. Träume sind wichtig für die Malier, und die Sendung ist äußerst populär.

„Ich habe geträumt, ich sei krank gewesen und liege in einem Garten, um mich zu erholen. Plötzlich klettert ein ganzer Haufen Kakerlaken die Mauer herunter. Ich wollte aufstehen und weglaufen, als mich eine der Kakerlaken ansprach: ‚Renn nicht weg! Wir sind doch nur gekommen, um dir gute Besserung zu wünschen!' Was bedeutet das?" fragt der erste Hörer. Das sei ein seltsamer Traum, antwortet Sy. Normalerweise kündige ein Traum von einer

Kakerlake eine Begegnung mit jemandem an, der einem nicht wohlgesonnen sei. Doch wenn einem Kakerlaken gute Besserung wünschen, bedeute das, daß man wegen seines guten Charakters von vielen Leuten beneidet werde.

„Als nach dem politischen Umschwung von 1991 der erste Privatsender gegründet wurde", erzählt Sy, „spannte man mich für die Propagierung einheimischer Sprachen ein. Mein Vater war ein Marabout, ein religiöser Führer, und er hat mir von Träumen erzählt. Im Koran heißt es, daß Gott mit Adam und Eva durch Träume sprach, aber auch in der afrikanischen Tradition wurde immer großer Wert auf Träume gelegt. Ich habe auch Freud und Jung gelesen, aber ich verlasse mich lieber auf unsere eigene Tradition."

Radio Bamakan ist einer von etwa 200 lokalen Sendern, die es in Mali gibt. Das Radio ist immer noch das wichtigste Medium im Land. Sys Stimme kennt jeder. Sie dröhnt aus allen Rundfunkgeräten, denn

Mali befindet sich im Fußballfieber. Sy ist berühmt für seinen Witz und seine Schlagfertigkeit. „Ich war der erste, der Fußballspiele auf Bambara kommentierte, zuerst die lokalen Spiele, dann die internationalen“, erzählt er. „1998 war ich bei der Weltmeisterschaft in Frankreich. Seitdem sind alle anderen Sender nachgezogen!“
Dann wendet er sich dem nächsten Hörerbrief zu. „Ich habe geträumt, daß eine Eselin in meinem Bett lag und ein Kind bekommen hat. Was bedeutet das?“ lautet die Frage. Von einem Esel zu träumen bringe Glück, antwortet Sy, außer man träumt davon, daß man selber einen Esel besteigt, um auf ihm davonzureiten – das könnte ein Zeichen für den bevorstehenden Tod sein. Doch das würde er seinen Hörern nie sagen. Er legt den Finger auf den Mund. Traumdeutung ist Vertrauenssache. „Am besten ist es, wenn man im Traum einen ganz kleinen Esel sieht. Dann kann man sich darauf verlassen, daß einen seine Kinder im Alter gut versorgen werden!“

RAUL

FC BA
LAGOS ST

BOULEVARD DE L'INDÉPENDANCE

Mali ist ein Kaleidoskop der Kulturen, Sprachen und Traditionen. Die Staatsgrenzen wurden von den Kolonialherren willkürlich festgelegt: Keine der vielen Ethnien, die hier leben, ist auf Mali beschränkt. Jede von ihnen ist auch in den Nachbarstaaten zu Hause, und so sind Beziehungen über die Landesgrenzen hinweg weitaus selbstverständlicher als in Europa. Amtssprache ist weiterhin Französisch, ansonsten gibt es ebenso viele Sprachen wie Ethnien. Mehrsprachigkeit ist die Norm; Mali ist ein multikultureller und vielsprachiger Staat, der sich durch bemerkenswerte Gelassenheit und Toleranz auszeichnet. Die Auseinandersetzungen mit den Tuareg in den neunziger Jahren wurden von den Konflikten ausgelöst, die die anhaltende Dürrekatastrophe in der Sahelzone mit sich brachte, nicht von ethnischen Ressentiments.

Am Boulevard de l'Indépendance treffen sich alle. Er ist nicht nur ein Knotenpunkt im Stadtverkehr von Bamako, sondern für ganz Westafrika. Der Boulevard de l'Indépendance ist der Ausgangspunkt für Reisen in die ganze Region: Will man zur Elfenbeinküste, führt der Weg zuerst über den Boulevard, und auch wer nach Burkina Faso möchte, muß hier durch. Der Weg nach Ghana, Niger und Nigeria fängt hier an, und selbst wer den Zug nach Senegal oder

Gambia nimmt, passiert auf dem Weg zum Bahnhof zuerst einmal den Boulevard de l'Indépendance.

AUF DEM BAHNHOF

Der Bahnhof von Bamako ist die Endstation der Dakar-Niger-Linie, mit der die Franzosen 1908 eine Verbindung zwischen der Hauptstadt des damaligen Soudan Français und der Küste schufen. Vorübergehend kam der Zugverkehr auf den morbiden Schienensträngen ganz zum Erliegen, 1995 wurde die Bahnlinie privatisiert. Doch das französisch-kanadische Unternehmen, das die Strecke mittlerweile repariert hat, rationalisierte auch den Betrieb – Güterverkehr ist lukrativer als die Beförderung von Passagieren. Viele der kleinen Bahnhöfe auf der Strecke, die oft die einzige Verbindung der Dörfer zur Außenwelt darstellten, wurden geschlossen, die Einwohner, die vom Verkauf ihrer Waren an die Reisenden lebten, wurden arbeitslos.

Etwa zweimal in der Woche verkehrt der Personenzug, doch wann er eintrifft, weiß niemand genau. Die Zeit scheint stillzustehen wie die Bahnhofsuhr, aber die Abfahrtszeit ist ohnehin ungewiss. Ein Schild vor dem Eingang warnt vor dem allgegenwärtigen Aids, ein wartender Passagier nutzt die Zeit, um auf dem Bahnsteig zu beten,

Proviant wird verkauft und verstaut. Ein Greis sichert sich einen Platz im Abteil. Ein junger Mann erzählt uns, er sei auf dem Rückweg in den Senegal. Vergeblich habe er versucht, über Algerien nach Europa zu gelangen, jetzt schlage er sich in seine Heimat durch. Daß der Bahnhof von Bamako ein mythischer Ort ist, hat er der Super Rail Band zu verdanken. Als Mali 1960 die Unabhängigkeit erlangte, mußte die Kultur der französischen Kolonialherren einer nationalen Bewegung weichen. Die Eisenbahngesellschaft kam auf die Idee, ein eigenes Orchester zu unterhalten. Der Mix aus alten Mandinké-Klängen, kongolesischer Tanzmusik, Salsa, Swing und kubanischen Hits, den die Super Rail Band zum besten gab, wurde bald zur größten Attraktion der Stadt, die Band zur Talentschmiede für westafrikanische Musiker wie Salif Keita und Mory Kante, die heute weltberühmt sind.

PASS
TRANSRAIL SA
BAMAKO

AGE INTERDIT

DAKAR-NIGER-EXPRESS

Der Bahnhof von Bamako ist die Endstation der Dakar-Niger-Linie, die die Franzosen 1908 erbauten.
Die Zeit kolonialer Pracht ist vorbei für die 1259 Kilometer lange Schmalspurbahn, die Dakar, die Hauptstadt des Senegal, mit der malischen Hauptstadt Bamako verbindet. Abgesehen von einem täglich verkehrenden Güterzug macht sich der berühmte Dakar-Niger-Express heute nur noch einmal in der Woche auf den Weg.

ROLLEIFLEX

MALICK SIDIBÉ Der Griot der Bilder

Seit 1998 finden in Bamako alle zwei Jahre die ‚Rencontres de la Photographie Africaine' statt. Afrikaner machen sich seit langem ihre eigenen Bilder – eine Reaktion auf die „geraubten Schatten", auf die Photographien der Kolonialherren und Ethnographen, aber auch auf die Reportagen der zeitgenössischen westlichen Medien, die entweder Elendsquartiere oder aber pittoreske Landschaften im Blick haben. Afrikanische Photographen hingegen interessieren sich vor allem für Gesichter. Seydou Keita war der erste afrikanische Photograph, der zu Weltruhm gelangte, heute ist Malick Sidibé der berühmteste lebende Photograph des Kontinents. 2006 bekam er für sein Lebenswerk in Cannes eine Goldene Palme verliehen, doch dem fast siebzigjährigen Meister ist sein Ruhm nicht anzumerken. Immer noch kann man ihn täglich im Studio Malick finden, dem kleinen Photoladen, den er im Viertel Bagadadji betreibt, gleich hinter der Großen Moschee im Zentrum der Stadt. Hier repariert er Photoapparate, sowohl die zahlreichen Leicas, die er gesammelt hat, als auch die, die ihm seine Kunden bringen, und hier bewahrt er in alten Kartons die unzähligen Negative der Bilder auf, die er seit mehr als 50 Jahren bei Partis Surprise oder in seinem Studio gemacht hat. Jeder, der hereinspaziert, kann sich von dem freundlichen alten Herrn ablichten lassen. Keine Angst vor „geraubten

STUDIO
Malick SIDIBE
AFRICA
URBIS

STUDIO MALICK

In dem kleinen Photoladen, den er im Viertel Bagadadji betreibt, gleich hinter der Großen Moschee im Zentrum der Stadt, repariert Malick Sidibé Photoapparate, und hier bewahrt er in alten Kartons die unzähligen Negative der Bilder auf, die er seit mehr als 50 Jahren bei Partis Surprise oder in seinem Studio gemacht hat. Jeder, der hereinspaziert, kann sich von dem freundlichen alten Herrn ablichten lassen.

Schatten", im Gegenteil – für Malick Sidibé ist die Kamera ein Werkzeug der Liebe.

„Bevor ich Photograph wurde, war ich Zeichner", erzählt er uns, während er die Kamera zurechtrückt, „aber sobald ich mir meinen ersten Apparat, einen Brownie Flash, leisten konnte, wechselte ich zur Photographie über. Sie ist ein äußerst soziales Medium. Die vielen Gesichter, die ich im Lauf meines Lebens gesehen habe, haben mir geholfen, unsere Gesellschaft zu lieben.

Es war immer mein Traum, Photograph zu werden, aber eigentlich sind es eher die Träume meiner Kunden, die ich verwirkliche. Griots haben bei uns die Aufgabe, die Menschen zu loben, sie in einem guten Licht erscheinen zu lassen. Mit meinen Bildern mache ich genau das – ich inszeniere die Träume, die die Menschen von sich selber haben. Ich bin ein Griot der Bilder!"

LICHT IM DUNKEL

In der Klanglandschaft von Bamako herrscht Fahrzeuglärm vor, daneben Rufe und Gelächter, die Geräusche der Handwerker. Ganz allmählich schälen sich aus der großen Sinfonie einzelne Stimmen heraus. Manche Laute können wir zuerst nicht genau deuten. Das geheimnisvolle Klopfen, das aus einer Hütte an der Straßenecke dringt, scheint nie aufzuhören. Es begleitet uns, wenn wir morgens aufbrechen und spät in der Nacht heimkommen. Schließlich fassen wir uns ein Herz und ziehen vorsichtig den Vorhang aus geflochtenen Pflanzenfasern zur Seite, der den Eingang verdeckt.

Eine geheimnisvolle Atmosphäre umfängt uns. Auf den ersten Blick heben sich die Körper der Männer kaum vom Halbdunkel ab. Erst als sie sich erheben, um uns zu begrüßen, erkennen wir die leuchtenden Stoffe, die sie zwischen sich auf Holzblöcken ausgebreitet haben. Es sind Boubous, die sie bearbeiten, die Festtagsgewänder

der Männer. Über den Glanz der Boubous, die seltsam steif den Körper umhüllen, haben wir uns schon gewundert. Bazin werden die Stoffe genannt, aus denen die Boubous hergestellt werden. Es sind dünne Baumwollstoffe, in die filigrane Muster hineingewebt sind. Die feinsten stammen aus Europa, in Mali werden sie dann in leuchtenden Farben eingefärbt. Die Männer führen uns vor, wie sie sie in unermüdlicher Arbeit zum Glänzen bringen. Die Gewänder werden gestärkt angeliefert und hier mit schweren hölzernen Schlegeln, die sie mit Wucht auf die Stoffe niedersausen lassen, stundenlang bearbeitet, bis diese zu glänzen beginnen wie Gold. Es sind immer mehrere, die im abgestimmten Rhythmus einen Boubou bearbeiten. Die Schläge der schweren Keulen, die Rufe des Anführers, der den Takt vorgibt, der Schweiß, der im Dunkeln über die Körper rinnt – all das läßt uns in wenigen Minuten in Trance fallen. Geheimnisvoll leuchten im Dunkel der Hütte die Stoffe.

Die Stadt der Balanzans SÉGOU

Die Überlandstraße, auf der man die Hauptstadt verläßt, trifft erst 235 Kilometer weiter östlich bei Ségou wieder auf den Niger. Die Allee, die sich am Ufer entlangzieht, ist gesäumt von riesigen Bäumen. Die Morgensonne bricht sich im Blattwerk, das nur in der heißen Jahreszeit Schatten spendet, in der Regenzeit werfen die Bäume ihre Blätter ab. Balanzan wird diese Akazienart genannt, die in der Sahelzone als Wunderbaum verehrt wird. Blätter und Früchte dienen als Viehfutter, die Rinde als Gerbstoff, aus Wurzeln, Rinde und Harz werden traditionelle Medikamente hergestellt. Er ist das Wahrzeichen von Ségou, der Stadt der 4444 Balanzans.

Der Stolz auf ihre Vergangenheit ist Ségou anzumerken. Das Office du Niger und andere Bauten der Kolonialzeit erinnern daran, daß es einmal die Hauptstadt des Soudan Français war, aber um den Glanz zu verstehen, den Ségou immer noch ausstrahlt, muß man weiter in die Vergangenheit zurückgehen. Vielleicht waren es Bozo-Fischer, die sich zuerst ansiedelten, vielleicht war es ein umherwandernder Marabout, der sich hier niederließ. Ségous Ruhm geht auf den Bambara-Herrscher Biton Mamary Coulibaly zurück, der 1712 im benachbarten Ségoukoro ein animistisches Königreich gründete. 43 Jahre lang regierte er, bis er von einem Tonjon, einem Ritter seiner mysteriösen Sklavenarmee, entthront wurde. Aus den Bergen

von Fouta Djallon näherte sich im 19. Jahrhunderts El Hadj Umar Tall, um das Imperium der Toukoulor zu errichten, 1890 marschierten die Franzosen ein. Die Prachtentfaltung der Königsstadt war legendär. Der erste Ausländer, der sie zu sehen bekam, war Mungo Park, der 1796 in Ségou auf den Niger stieß. „Als ich nach vorne schaute, sah ich mit unendlicher Freude das großartige Ziel meiner Mission; der langgesuchte majestätische Niger, so breit wie die Themse in Westminster, glitzerte in der Morgensonne und floß langsam in östlicher Richtung", schilderte er seine Entdeckung. Die Stadt überraschte ihn mit „einem Anblick von üppiger Vielfalt und Kultur".
Die alten Paläste, die Mungo Park beschrieb, sind längst zerfallen, weil sie aus in der Sonne getrockneten Lehmziegeln errichtet waren, doch in den Worten der Griots, im Klang der Ngoni, in den Mustern der mit Nigerschlamm gefärbten Bogolan-Stoffen und in den Marionetten der Initiationsgesellschaften, die in dieser Gegend immer noch aktiv sind, lebt die Geschichte des Bambara-Reichs weiter. Ségou ist ein Zentrum traditioneller Künste. Als wir ankommen, wird gerade das ‚Festival sur le Niger' gefeiert, das Pendant zum ‚Festival au Désert' in der Oase Essakane.

SPEISEN

Mali ist schon lange keine französische Kolonie mehr, aber Baguette genießen die Einwohner von Ségou immer noch.

In seinem Restaurant Guita wartet der Besitzer Ibraim Camara auf Gäste.

FRANC

YAYA COULIBALY Im Paradies der Kindheit

Yaya Coulibaly stammt aus einer Marionettenspieler-Familie aus der Gegend von Ségou. „Ich wurde am 26. April 1959 geboren, am Tag der Jo-Zeremonie – ein Kind, das an diesem Tag zur Welt kommt, erbt die Macht seiner Vorfahren“, erzählt er uns. „Marionetten sind für uns Werkzeuge der Initiation, mit ihnen erziehen wir unsere Kinder. Ich bin Lehrer, Marionettenspieler, Bildhauer, Musiker, Schriftsteller und Regisseur in einer Person – aber zuerst betrachte mich als ein Kind der Marionetten.“

Wenn man das Haus betritt, in dem Yaya Coulibaly zusammen mit 25 000 Puppen lebt, ist es, als kehre man ins Paradies der Kindheit zurück. „Mein ganzes Leben dreht sich um die Marionetten“, erzählt er. „Ich stehe mit ihnen auf, und ich gehe mit ihnen zu Bett. Im alten Mali waren Marionetten pädagogische Elemente der traditionellen vorislamischen und vorchristlichen Religion. Und wer von Spiritualität spricht, spricht zwangsläufig von Träumen. Sie führen uns, eröffnen uns neue Wege, formen unsere Persönlichkeit, vermitteln uns Weisheit. Träume ermöglichen es uns, uns in die Schöpfung einzufügen, zum Wohle aller Kinder dieser Welt. Die heutige Welt ist blockiert, weil die Menschen nicht mehr auf ihre Träume achten!“

Vor der Haustür sind Yayas Kinder und Schüler täglich damit beschäftigt, neue Figuren zu erschaffen. „Ich bin ein einfacher Dörfler, der anderen etwas geben möchte", betont Yaya. „Hier finden die Jugendlichen Arbeit. 1980 habe ich die Marionettentheatertruppe Sogolon gegründet. Mit unserem familiären Wissen im Gepäck sind wir seitdem neunmal um die ganze Welt getourt. Wir möchten unsere Kunst an die weitergeben, die zu uns kommen oder zu denen wir reisen. Dadurch erschaffen wir ein globales Dorf, in dem wir uns alle gemeinsam bewegen und versuchen, die Antwort auf die Frage zu finden: Was ist der Sinn des Lebens des Menschen auf der Erde? Also beginnen wir bei den Träumen und kehren zu ihnen zurück. Der Traum hat einen Platz im kosmischen Plan, aber auch im sozialen Miteinander, er führt zu Toleranz und zum Geist des Friedens. Träume drängen den Menschen zur Verwandlung, zum Fortschritt. Bei der Initiation spielen Träume eine wichtige Rolle. Der Traum ist Quelle der Inspiration, der Kreativität, der Heilung, der Hoffnung. Der Hoffnung, man selbst zu sein, der Hoffnung, seinen Platz im

Kosmos zu erfüllen, eine Tat zu vollbringen, die Maßstäbe setzt. Meine liebsten Figuren sind die Hyäne und der Longolo, der närrische Weise. Die Hyäne verkörpert das Wissen, der Longolo die Weisheit. Im Traum helfen sie uns, bessere Menschen zu werden. Siehst du das kleine Haarbüschel auf dem Kopf der Hyäne? Das ist eine Antenne, die es ihr erlaubt, Neuigkeiten auf Hunderte von Kilometern Entfernung zu erlauschen. Die Hyäne ist das einzige Tier, das sowohl die Geheimnisse der Nacht als auch des Tages kennt.
Ohne Träume gibt es keinen Ehrgeiz, keine Technologie, keinen Wettbewerb, ohne Träume gibt es keine Liebe. Der Traum – das ist die Schönheit, die Gott uns gegeben hat. Er ist Gold, unsichtbares Licht. Ein Traum kann die Begegnung mit einem Menschen vorhersagen, die erst 30 Jahren später stattfinden wird oder schon vor 30 Jahren stattgefunden hat. Wenn sie dann Wirklichkeit geworden ist, fragt man sich: Habe ich das nicht schon einmal geträumt?“

GUARANI

Juwel aus Lehm **DJENNÉ**

Alles beginnt mit einer Handvoll Erde, die ein Mensch aufhebt und formt. Von der glühenden Sonne gehärtet, wird ein Baustein daraus: ein Gleichnis der Schöpfung und der Ausgangspunkt des Lebens, in dessen Verlauf der Mensch, aus Lehm erschaffen, seine Wohnung aus dem Stoff gestaltet, in den er wieder zurücksinken wird.
In Djenné, der Stadt aus Lehm, wird uns dieser allgegenwärtige Kreislauf vollendet vor Augen geführt. Ihr Juwel ist die große Moschee, die auf das 14. Jahrhundert zurückgeht, Modell für alle späteren Gotteshäuser der Sahelzone, des Ufers der Wüste. As-Saheli hieß der Baumeister, den der Mandé-Kaiser Kankan Mussa von seiner Pilgerreise nach Mekka mitbrachte und der in Djenné und Timbuktu die Kunst des Lehmbaus einführte. Auf einer Insel in einem Nebenarm des Niger gelegen, die in der Regenzeit gänzlich von Wasser umschlossen ist, war Djenné im Mittelalter eine uneinnehmbare Festung und das größte Warenhaus des muslimischen Afrika, wie der arabische Reisende Ibn Battuta bemerkte. Djenné ist ein kosmopolitischer Ort, an dem sich Fischer, Händler und Heilige begegnen. Marabouts, gerühmt für ihre übernatürlichen Kräfte und ihr therapeutisches Wissen, kommen aus ganz Westafrika hierher. Die große Moschee wurde mit der Kaaba verglichen, bis vor kurzem galt eine Wallfahrt nach Djenné als Alternative zu der Hadj nach Mekka.

Die heutige Moschee, 56 Meter lang und zwölf Meter hoch, ist das größte Lehmbauwerk der Welt und von der UNESCO zum Weltkulturerbe erklärt worden. Für seine Einwohner ist Djenné eine Stadt der Wunder. Der Lehm ihrer Stadt habe besondere Eigenschaften, sagen die Barri, die Maurer, die die Gebäude seit Tausenden von Jahren immer wieder neu erschaffen; die kalkhaltigen Rückstände der Fische am Ufer des Flusses machen ihn besonders haltbar. In Körben wird der Lehm in die Stadt getragen, und – mit Reiskleie, Hirsespreu und Kuhmist vermischt – nach einem tagelangen Gärprozeß gewinnt man den Banco genannten Baustoff, aus dem ganz Djenné besteht. Jedes Jahr muß der Putz, der vom Regen immer wieder abgewaschen wird, erneuert werden. Die ganze Stadt nimmt daran teil. Kein Architekt ist nötig, um einen Lehmbau zu errichten – dafür sorgt die Bruderschaft der Maurer, die ihr Wissen geheimhält. Zuerst wird Ibrahim angerufen, der Baumeister der Kaaba, Amulette mit Koransprüchen werden in den Lehm eingemauert. Die Einwohner von Djenné sind überzeugt, daß es diese magischen Formeln sind, die die Gebäude vor dem Einsturz bewahren. Anderswo sind seit einigen Jahren – mit Fördergeldern aus Saudi-Arabien – Moscheen entstanden, bei denen der Lehm durch moderne Baustoffe ersetzt wurde, doch für Djenné kommt das nicht in Frage.

LEHMARCHITEKTUR

Die über 1000 Jahre alte Handelsstadt Djenné ist berühmt für ihren Markt und ihre große Moschee aus Lehm, die zum UNESCO-Weltkulturerbe zählt. Alljährlich wird der Putz der Moschee von den Bewohnern der Stadt erneuert.

nächste Seite

MARKT

Der große Markt von Djenné liegt direkt zu Füßen der Moschee. Einmal pro Woche strömen Menschen unterschiedlichster Ethnien, Kaufleute, Bauern, Fischer und Hirten aus der nahen und weiten Umgebung herbei, um hier ihre Waren und Spezialitäten feilzubieten.

MOSCHEE

Als der Sultan der Stadt im 13. Jahrhundert zum Islam übertrat, übergab er seinen Palast den Gläubigen. Die jetzige Moschee wurde Anfang des 20. Jahrhunderts nach dem Vorbild des Palastes genau an derselben Stelle errichtet.

MAMADOU TAMBOURA Zu Besuch beim Marabout

„Die Menschen schlafen, und wenn sie sterben, erwachen sie", soll der Prophet Muhammad einmal gesagt haben. Überliefert ist auch, daß er seine Gefährten jeden Morgen nach ihren Träumen befragt und sie dann gedeutet habe. Die Grenzen zwischen Prophezeiung, Vision und Traum sind im Islam fließend. In einer nächtlichen Vision unternahm der Prophet seine Himmelsreise; Träume sagten den Ausgang von Schlachten vorher; der Gebetsruf wurde geboren, als einer der Gefährten Muhammads im Traum den Rat erhielt, mit einer bestimmten Formel auf die Stunde des Gebets hinzuweisen. „Das Gebet ist besser als der Schlaf", singen die Muezzins in der Morgendämmerung bis heute.

Träume spielen im Islam eine wichtige Rolle, betont Mamadou Tamboura. Mamadou Tamboura wurde mir von Toumani Diabaté vorgestellt. Er ist ein Marabout – so werden religiöse Führer des Islam genannt; die Bezeichnung geht auf die Sufi-Heiligen zurück, die die Lehre des Propheten Muhammad in die westafrikanische Savanne trugen. Muslime orientieren sich an den Schriften von Ibn Sirin, erfahre ich von ihm. Sein Traumbuch stammt aller Wahrscheinlichkeit nach aus dem 8. Jahrhundert, seitdem kursiert es in zahlreichen und teilweise sehr unterschiedlichen Versionen in der ganzen arabischen Welt. Doch es gebe auch eine afrikanische

Tradition der Traumdeutung, erzählt Mamadou Tamboura weiter. Sie basiert auf dem Doppel des Menschen, das sich im Schlaf vom Körper löst und nächtliche Reisen unternimmt.
Man müsse verschiedene Arten von Träumen unterscheiden, fährt er fort. Das populärste Traumbuch, das in einer französischen Fassung in ganz Westafrika kursiert und afrikanische Traditionen mit islamischen vermischt, unterscheidet sechs Kategorien: einen Traum, an den man sich nur teilweise erinnern kann; eine vollständige Vision; eine Warnung, die von Gott kommt; den echten Traum, der eine Beziehung zum Wachzustand hat; ein Phantom oder Gespenst; und schließlich einen Albtraum. Will man einen Traum deuten, so muß man zunächst herausfinden, um welche Art von Traum es sich handelt. Will man Genaueres wissen, so muß man das Datum berücksichtigen, an dem geträumt wurde. Die islamische Welt richtet sich nach dem Mondkalender, der auch zur Traumdeutung

herangezogen wird. Der Monat beginnt mit dem Neumond und weist 30 Tage und Nächte auf. Ein Traum, den man in der ersten Nacht hat, besitzt immer eine glückverheißende Bedeutung; den Traum der sechsten Nacht darf man niemandem erzählen; von dem, was man in der zwölften Nacht geträumt hat, tritt das Gegenteil ein; die Folgen der Träume der 22. und 23. Nacht zeigen sich erst einige Tage später, während sich der Traum der 30. Nacht sofort beim Erwachen realisiert. Anschließend zählt der Marabout die Opfer auf, die der Träumer darzubringen hat, um ungünstige Folgen abzuwenden. Die Liste ist lang, und die Grundprinzipien dieser vielschichtigen Traumlehre sind kompliziert, versichert er mir, dann schenkt er lächelnd eine Tasse Tee ein.

Inseln im Sumpf MOPTI

Am Verkehrsknotenpunkt Sévaré teilt sich die Straße. Geradeaus kommt man schließlich nach Douentza, Timbuktu oder Gao. Rechts geht es ins Land der Dogon, links ist der Abzweig nach Mopti.
Die Stadt liegt zwar auf Inseln, aber der Vergleich mit Venedig, den die Reiseführer anstellen, hinkt. Mopti hat keine Vergangenheit. Die jüngste der Handelsstädte am Niger wurde von den Franzosen buchstäblich aus dem Boden gestampft, als sie 1893 das Land besetzten. Sie suchten nach einer Alternative zum widerspenstigen Djenné, das bis dahin als zentraler Marktplatz gedient hatte. Ein Fischerdorf der Bozo am Zusammenfluß von Niger und Bani bot sich an, das die Einfahrt in das riesige Binnendelta markierte, welches sich von hier aus bis nach Timbuktu verzweigt – ein strategisch günstiger Ort, wo man Land- und Wasserwege miteinander verknüpfen konnte. Die Kolonialherren ließen den Sumpf zwischen den Wasserwegen künstlich aufschütteten und verbanden die darauf entstandene Stadt durch einen 13 Kilometer langen Damm mit dem Festland. Das Kalkül ging auf, Mopti entwickelte sich schnell zum Handelszentrum des Binnendeltas und zum größten Umschlagplatz zwischen Fluß und Land.
Aus dem einstigen Fischerdorf wurde ein Treffpunkt der Völker und Kulturen. Die Bozo bauen ihre Boote immer noch genau so, wie

arabische Reisende des 12. Jahrhundert es beschrieben haben – bis zu 20 Meter lange, schlanke Pirogen, deren Planken im Feuer gehärtet werden. Die einzelnen Segmente werden mit Hilfe von Nägeln und Stricken miteinander verbunden. Zwar werden die Fugen mit Ruß und Schwefel abgedichtet, aber sie bleiben so durchlässig, daß die Insassen ständig damit beschäftigt sind, Wasser aus dem Rumpf zu schöpfen. Die Muster, mit denen die Planken von außen bemalt werden, folgen uralten Vorbildern, werden aber ständig neu gestaltet. Oft wird die Jahreszahl des Bootsbaus in das Muster integriert. Pirogen und die größeren, oft mit Außenbordmotoren bestückten Pinassen verkehren von Mopti aus in alle Richtungen: stromaufwärts nach Koulikoro, dem etwa 60 Kilometer vor der Hauptstadt gelegenen Hafen von Bamako, stromabwärts nach Timbuktu, Gao und – wenn der Wasserstand es erlaubt – noch weiter.

Pirogen und Pinassen sind immer noch die wichtigsten Transportmittel für die Waren, die im Hafen von Mopti umgeschlagen werden. Der beißende Geruch der Holzfeuer kündigt schon von weitem die Stände der Bozo an, an denen die Frauen die Fische räuchern, die die Männer gefangen haben. Berge von aus Lehm gebranntem Geschirr lagern am Ufer. Die Peul – die Männer mit spitzen Hüten, die Frauen mit dunkelblauer Tätowierung um den Mund – bieten

Kalebassen mit Dickmilch feil, morgens frisch, abends gestockte Sauermilch. Bauersfrauen aus dem Land der Dogon türmen Zwiebeln, für deren Anbau sie berühmt sind, zu Pyramiden auf. Die Songhai stapeln kostbares Holz auf einem riesigen Lagerplatz. Die Tuareg bieten Steinsalz an, das Karawanen in großen Platten aus den Minen von Taoudenni nach Timbuktu gebracht und dann auf Pirogen nach Mopti transportiert haben. Hier wird es zerkleinert und verkauft. Die Bella, ehemalige Sklaven der Tuareg, die in strohgedeckten Hütten am Stadtrand leben, stellen die Lastenträger. Hirsebier wird auf der Straße ausgeschenkt, Flaschenbier in der Hafenbar Le Bozo und im Restaurant Nuits de Chine. Getrunken wird es vor allem von den Touristen, den letzten Neuankömmlingen im Gemisch von Ethnien und Sprachen von Mopti. Keiner bleibt lange hier, für die meisten ist Mopti eine Durchgangsstation ins Land der Dogon.

BIG BOY'S CU
Y2K
RAP
I LOVE U ALL
LIL ROMEO
Not A Toy Soldier
WISHES YOU A HAPPY NEW YEAR
SHOOP DOGGY DOG
SPALDING
8
The King of Reggae
Come with ME

NIGGA
RICAN MILLIONAIRE
SEAN PAUL
R KELLY
AFRICA
YORK

NIGER

Der Niger ist eine wichtige Verkehrsader für Mali, viele Waren werden auf dem Wasserweg transportiert. Allerdings sind einige Teile des Flusses nur bei Hochwasser schiffbar.

Zwischen Himmel und Erde

LAND DER DOGON

Wie eine Steilküste erheben sich die Felsklüfte der Falaise von Bandiagara über der weiten, wasserarmen Ebene von Gondo. Ihre Ausmaße sind riesig. Bis zu 300 Metern ragt die vertikale Höhlenlandschaft in die Höhe, in der Breite erstreckt sie sich über Hunderte von Kilometern bis nach Burkina Faso in die eine und bis zum Bergmassiv von Hombori, hinter dem die Wüste beginnt, in die andere Richtung.

Die Herkunft des Volks der Dogon, die hier leben, ist ungewiß. Als sie vor etwa 500 Jahren erschienen, seien sie von Westen her gekommen, aus dem Land Mande, und von berittenen Kriegern verfolgt worden, erinnern sie sich. Das Wort Mande weist auf einen König hin, aber auf welchen bleibt unklar. In den gewaltigen Klüften der Falaise fanden die Dogon einen geschützten Lebensraum, wo sie sich vor den Kriegszügen der Songhai und Peul sowie den Nachstellungen islamischer Herrscher zu verbergen suchten. Seitdem führen sie eine Existenz zwischen Himmel und Erde – nicht nur im mythologischen Sinn, den ihre Schöpfungsgeschichte wiedergibt, sondern auch im wörtlich-geographischen.

Die Dogon waren nicht die ersten Bewohner der Falaise. Als sie eintrafen, verdrängten sie eine andere Ethnie, die seitdem spurlos verschwunden ist und von der auch nicht bekannt ist, woher sie kam.

Die Dogon nennen sie Telem und berichten, daß es sich um kleinwüchsige Menschen von rötlicher Hautfarbe gehandelt habe. Es könnte ein Pygmäenvolk gewesen sein. Manche Ethnologen nehmen an, daß die Dogon ihre Kosmologie von ihren Vorgängern übernommen haben, doch auch dafür gibt es keine Beweise. Die Telem lebten in Höhlen, die sie in den weichen Sandstein der Felswand eingruben und die bis heute nur über Seile erreichbar sind. Die Dogon übernahmen diese Höhlen, um darin ihre Toten zu bestatten. Außerdem bewahren sie darin immer noch Stelen auf, heilige Objekte, die von den Telem stammen sollen und die sie mit ehrfürchtiger Scheu behandeln. Ihre eigenen Dörfer errichteten sie zu Füßen der fast senkrecht aufragenden Felswand oder klebten sie wie Schwalbennester an den Felsen. Sanga, die größte Ortschaft, ist über eine Piste erreichbar; die anderen Dörfer sind nur über Trampelpfade miteinander verbunden. Die spitzen Dächer der Hütten, die bizarren Getreidespeicher und labyrinthischen Wege, die durch die Dörfer führen, könnten die Designer von ‚Star Wars' inspiriert haben.

„Nach der Erschaffung von Sonne und Mond nahm Gott Amma einen Klumpen Lehm zur Hand, knetete ihn durch und schleuderte ihn in den Raum. Im Handumdrehen blitzten am Himmelsgewölbe

Tausende von Sternen auf. Ein Teil des zerdrückten Lehms fiel auf den Norden, der sich oben befindet. Von dort fiel er zum Süden hinunter, der im unteren Teil der Welt liegt." So schilderte der blinde alte Jäger Ogotemmeli dem französischen Ethnologen Marcel Griaule, der 1931 nach Bandiagara kam, die Erschaffung der Welt. 33 Tage lang währten die Unterweisungen, in deren Verlauf Griaule von Ogotemmeli Einblicke in das ungeheuer komplexe Universum der Dogon erhielt. Griaules Aufzeichnungen dieser Gespräche, ‚Schwarze Genesis', wurden zum Kultbuch. Der Forscher wurde von der geheimnisvollen und einzigartigen Kultur der Dogon, die die französischen Kolonialherren bisher mit hochmütiger Herablassung betrachtet hatten, so sehr in Bann geschlagen, daß er ihnen den Rest seines Lebens widmete. 1956 starb er in Paris, die Dogon errichteten ihm ein symbolisches Grab.
Zu den Merkwürdigkeiten, von denen der Jäger dem Ethnologen berichtete, gehört das Sigi-Fest, das die Dogon im Abstand von

60 Jahren feiern. Die Sensation war perfekt, als sich herausstellte, daß sich das Fest nach einem Trabanten des Sirius A richtete, der in diesem Rhythmus den Stern umrundet. Mit bloßem Auge ist er nicht zu erkennen. Von den Dogon wurde er Po genannt, nach einem winzig kleinen Hirsekorn, und sie berichteten auch, daß dieser Stern nicht nur klein, sondern auch ungeheuer schwer sei. Von den Teleskopen der Astronomen wurde der Sirius-Trabant jedoch erst Ende des 19. Jahrhunderts entdeckt, während die Dogon das zyklische Fest, das den Eintritt des Todes in die Schöpfung zelebriert, schon seit vielen Jahrhunderten gefeiert hatten. Nach den jahrelangen Spekulationen, woher die Dogon ihr Wissen hatten – bei denen auch auf das Auftauchen von Außerirdischen als Erklärung zurückgeriffen wurde –, nimmt man heute an, dass die Aufzeichnungen Griaules auf einem komplexen Zusammenspiel von nach Afrika gelangtem westlichen Wissen, Ungenauigkeiten bei der Übersetzung und lokalen Traditionen beruhen.

In den Jahren, die Griaules Veröffentlichungen folgten, interessierten sich Forscher unterschiedlicher Fachrichtungen für die Dogon. Einer Gruppe von Psychoanalytikern fiel die Zufriedenheit der Dogon ins Auge. Nach dem Grund für die Unzufriedenheit der Europäer befragt, meinte ein Dorfchef zu ihnen: „Die Weißen denken zuviel und dann machen sie viele Sachen, und je mehr sie machen, desto mehr denken sie. Und dann verdienen sie viel Geld, und wenn sie Geld haben, machen sie sich Sorgen, daß das Geld verlorengehen könnte und sie keines mehr haben. Dann denken sie noch mehr und machen noch mehr Geld und haben nie genug. Dann sind sie nicht mehr ruhig. So kommt es, daß sie nicht glücklich sind." Auch der Bericht ‚Die Weißen denken zuviel' von Paul Parin, Fritz Morgenthaler und Goldy Parin-Mattèy, die mit ihrer neuen Methode das Denken einer ganzen Generation von Forschern beeinflußten, erlangte Kultstatus.

Doch der Zauber des Dogon-Landes, der durch die Worte der Ethnologen und Psychoanalytiker hindurchschimmert, erwies sich nicht nur als Segen. Kunstsammler, Touristen und alle möglichen Wundersucher folgten den Spuren der Forscher. Die Plünderungen, die bald darauf einsetzten, waren beispiellos. Die geschnitzten Türen der Häuser und Kornspeicher wurden ausgehängt und verkauft,

Körbe, Webstühle und andere Gegenstände verramscht, Masken, die einmal als heilig gegolten hatten, ans Licht gezerrt, die Tänze, deren kosmologische Funktion die Ethnologen einst mit so viel Präzision beschrieben hatten, verkamen zu billigen Touristenspektakeln. Heute sind die Dogon weltberühmt, ein Besuch ihres Landes ist eine der Attraktionen jeder Malireise. Doch der Preis, den die Dogon für ihre Berühmtheit zu zahlen hatten, war möglicherweise zu hoch. Wie Statisten in einem Freilichtmuseum sitzen sie in ihren Dörfern und nehmen die Bezahlung in Empfang, die ihnen neugierige Reisende für ein Photo überreichen.

DOLO AMAHIGUERE Beseeltes Holz

Dolo Amahiguere, Holzschnitzer und Dogon, hält Abstand sowohl von Kunsthändlern wie Touristen. Seine Arbeiten sind visionäre Fundstücke, keine Ritualgegenstände. Mittlerweile wurden seine Holzskulpturen in den Pariser Tuilerien ausgestellt. Dolo Amahiguere sieht sich aber auch weiterhin nur dem Universum der Dogon, in dem er aufwuchs, verpflichtet.

Sein Atelier hat er unter einem Baum aufgeschlagen. Bei den herumliegenden Hölzern scheint es sich um ein wahllos zusammengewürfeltes Holzlager zu handeln, aber je genauer man hinschaut, desto mehr schälen sich Figuren heraus – bizarre Vögel, gehörnte Tiere oder menschliche Körper. Es sind Skulpturen in verschiedenen Stadien der Bearbeitung. Er arbeite immer auf diese Weise, erzählt Dolo, während er auf einem Holzblock sitzt und mit einer Hacke in ruhigem Rhythmus ein Bild aus einem Stück Holz herausschlägt.

„Für mich ist Holz die allererste Materie. Ich bete es an, und es spricht zu mir. Ich arbeite mit Hölzern, die ihr Leben schon beendet haben, warte, bis sie ganz trocken sind, und dann lege ich meine Träume in sie hinein. Ich lege ein Stück Holz vor mich auf die Erde, und dann warte ich, bis es zu mir spricht. Ich weiß vorher nicht, was aus dem Stück Holz werden wird, aber von diesem Augenblick an gehen mir Dinge durch den Kopf. Ich versuche, sie nach außen zu bringen, indem ich eine Beziehung zwischen diesen inneren Bildern und der Außenwelt herstelle."

„Die animistische Gesellschaft Afrikas basiert auf Träumen", erläutert er. „Träumen bedeutet die Fähigkeit zu reflektieren, auf einer unbewußten Ebene zu denken. Wie man das macht, ist eine Frage der Erziehung. Unsere Vorfahren haben uns gesagt, daß wir in diesem Universum nicht allein sind. Es gibt Wesen, die wir mit bloßen Augen nicht sehen können. Für uns spielen sie eine wichtige Rolle, denn wir ergänzen uns gegenseitig. Jeder von uns hat einen unsichtbaren Doppelgänger.

Im Zentrum unseres Denkens steht der Gegensatz von Himmel und Erde. Die Erde ist weiblich, der Himmel männlich. Damit etwas drittes entstehen kann, müssen sie sich verbinden. Und da kommen die unsichtbaren Wesen ins Spiel. Für mich stellen sie die Energie dar, die alles entwickelt. Wenn du meine Skulpturen betrachtest,

siehst du nichts Reales, sondern eine Symbiose von Natur und Denken. Die Formen der unsichtbaren Wesen sind einzigartig. Man muß die Formen respektieren, die man findet, die Dinge als das wahrnehmen, was sie sind – erst dann legt man ein wenig von sich selbst hinein. Diese Formen erscheinen mir im Schlaf, sogar im Wachzustand, wenn ich hier sitze. Manchmal bin ich mir der Formen bewußt, die ich geträumt habe, manchmal offenbaren sie sich erst später. Im jetzigen Stadium meiner Entwicklung beschäftige ich mich mit Dingen, die sich im Wasser befinden – Wasser ist nicht nur Wasser, auch in ihm befinden sich unsichtbare Wesen. Es gibt viele Arten zu träumen. Manchmal sind wir uns der Bedeutung nicht bewußt und erkennen ihre Symbolkraft erst mit der Zeit. Manchmal, wenn nicht noch eine andere Kraft wirksam ist, hängt die Verwirklichung einer Skulptur auch ausschließlich von mir ab. Meine Aufgabe ist es, dem Holz eine Seele zu geben.“

Das Kind des Flusses NIAFUNKÉ

Niafunké ist eine verschlafene Kleinstadt, die sich äußerlich kaum von benachbarten Orten am Ufer des Niger unterscheidet. Doch alle waren hier. Ry Cooder, der amerikanische Gitarrist, um seinen Freund Ali Farka Touré zu besuchen, mit dem zusammen er für ‚Talking Timbuktu' einen Grammy Award gewonnen hatte. Nick Gold, der Produzent, der in einem notdürftig errichteten Studio das Folgealbum ‚Niafunké' aufnahm. Auch Martin Scorsese suchte hier nach den Spuren des Blues. In seinem Dokumentarfilm ‚Feel Like Going Home' begrüßt Ali Farka Touré seinen farbigen Kollegen Craig Harris aus Kalifornien. „Tausende von Menschen sind nach Niafunké gekommen, aber nie habe ich mich so über einen Besuch gefreut wie den deinen", sagt Touré zu Harris, als sie später zusammen unter einem Baum sitzen. „Aber du bist kein Amerikaner! Es gibt keine schwarzen Amerikaner, es gibt nur Afrikaner. Und du bist hier zu Hause, dies ist dein Land."

Der Blues? Was sollte das sein? Ali hielt es für einen schlechten Witz, wenn er nach seiner Nähe zu John Lee Hooker befragt wurde. Gewiß, er hatte den Bluessänger aus den amerikanischen Südstaaten 1968 zum ersten Mal gehört und war tief beeindruckt gewesen, weil es ihm vorkam, als ob der etwas spielte, was eigentlich Afrika gehörte, vom Ufer des Niger stammte, an dem Touré aufwuchs. „Ihr

mögt die Zweige kennen. Wir in Mali haben die Wurzeln und den Stamm."

In dem, was die Amerikaner Blues nannten, hörte er nur die Klageschreie der Sklaven auf den Baumwollplantagen. Seine Musik, mit der er im ruhigen Puls des Niger Hymnen auf den Fluß und seine Geister sang und jungen Leuten Ratschläge erteilte, war etwas völlig anderes. Er war kein Underdog, sondern ein Grundbesitzer, der auf sein Land stolz war.

Für Alis Eltern war es unvorstellbar gewesen, daß ihr Sohn Musiker werden wollte. Zudem war er der einzige von zehn Söhnen, der überlebt hatte. Das trug ihm den Spitznamen Farka ein, der Esel, unter dem ihn die Geister nicht finden würden.

Die Geister fanden ihn trotzdem. Die Klänge, die am Ufer bei den Zeremonien für die Ghimbalas, die Flußgeister, erklangen, zogen ihn magisch an. Mit zwölf Jahren bastelte er sich seine erste Njurkel, eine einsaitige Gitarre. „Meine Familie waren keine Griots, deshalb erhielt ich keinerlei Unterricht", erklärte er. „Es war eine Gabe. Nicht jedem schenkt Gott die Fähigkeit, ein Instrument zu spielen. Musik ist etwas Spirituelles – die Kraft des Klangs kommt von den Geistern." Die Songhai, zu denen er gehört, wurden zwar schon im 15. Jahrhundert islamisiert, aber untergründig existiert der Glaube an die Dschinn des Flusses weiter. Mit 13 begegnete Ali ihnen zum ersten Mal, als er weit nach Mitternacht sein Instrument spielte – in Gestalt dreier Mädchen, die ihn stundenlang in ihrem Bann hielten. Am nächsten Tag traf er am Rand eines Feldes auf eine schwarzweiß gefleckte Schlange, die sich um seinen Kopf wickelte. Wenig später begannen die Anfälle, die ihn in die Welt der Geister transportierten. Kinder des Flusses werden am Niger die Menschen genannt, die von den Ghimbalas erwählt werden. Man betrachtet sie mit einer Mischung aus Ehrfurcht und Scheu. Ali wurde nach Hombori geschickt, einem magischen Ort, der ihm Heilung verschaffen sollte. Niemand erfuhr jemals, was ihm dort widerfuhr, aber als er nach einem Jahr zurückkehrte, war er ein vollendeter Musiker. „Wegen des Islam beschäftigen wir uns lieber nicht allzu sehr mit diesen Dingen … die Geister können gut sein, aber auch böse, und deshalb beschränke ich mich darauf, über sie zu singen. Aber weil sie Teil unserer Kultur sind, kann man sie nicht einfach ignorieren." Am 7. März 2006 verstarb Ali Farka Touré in seinem Haus in Niafunké an Knochenkrebs.

DORFFEST

Niafunké hat ungefähr 20 000 Einwohner, und fast alle scheinen auf den Beinen zu sein, als auf dem Dorfplatz ein Fest gefeiert wird. Jeder hier ist Musiker oder Tänzer, und jeder ist ein Verwandter von Ali Farka Touré.

nächste Seite **HOTEL ALI FARKA TOURÉ**

Auch daß es in Niafunké ein Hotel gibt, ist Ali Farka Touré zu verdanken. Selbstverständlich ist es nach ihm benannt.

HOTEL

ALY FARKA

NIAFUNKE

BP : 17

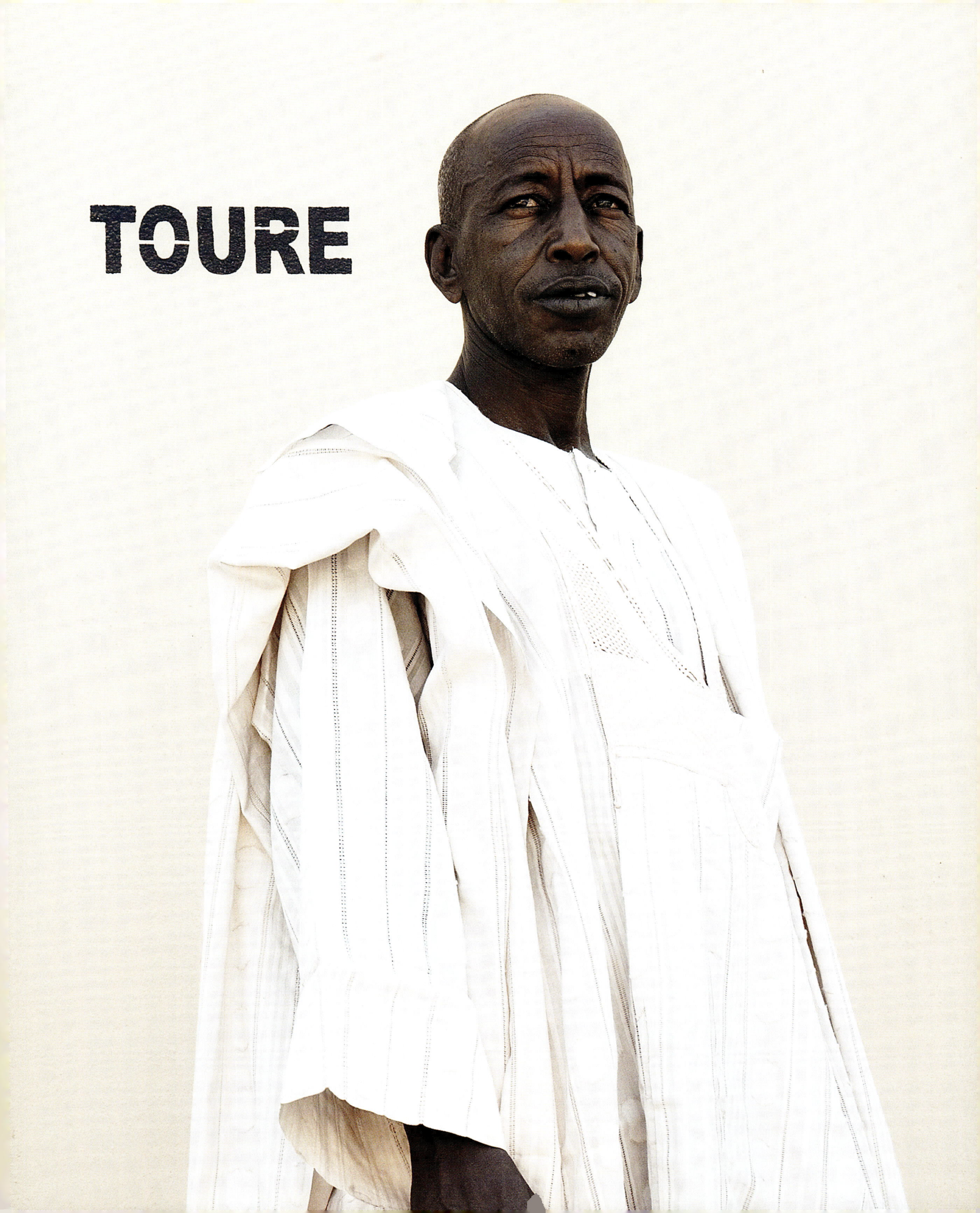
TOURE

Die mythische Stadt TIMBUKTU

Wie keine andere Stadt der Welt verkörpert Timbuktu die Unerreichbarkeit. Im Mittelalter dauerte es Wochen und Monate, bis die Karawanen aus dem Norden hier eintrafen, wenn sie den gefährlichen Treck durch die Wüste überhaupt überstanden. Die Vorstellung unsäglicher Strapazen, die Reisende zu erdulden hatten, um ans Ziel ihrer Sehnsüchte zu gelangen, wurde von den Entdeckungsreisenden bestätigt, die von der britischen Gesellschaft zur Förderung der Entdeckung des inneren Afrikas losgeschickt wurden. Die meisten kehrten nicht zurück. Die Londoner Kaufleute stöhnten auf, als bekannt wurde, daß der Schotte Alexander Gordon Laing die Stadt 1826 zwar als erster Europäer betreten hatte, aber beim Verlassen ermordet worden war. 1827 folgte ihm der französische Schuhmacher René Caillié. Ein ganzes Jahr lang schleppte er sich immer weiter ins Innere des unbekannten Kontinents, bis er, völlig entkräftet und in Lumpen gehüllt, Timbuktu betreten konnte. Was ihn gelockt hatte, sich den unvorstellbaren Mühen dieser Reise zu unterziehen, war die Legende von einer sagenhaft reichen Stadt, die in Europa seit dem Mittelalter kursierte.

1375 war ‚Timbouct' zum ersten Mal auf einer europäischen Karte aufgetaucht, ein halbes Jahrhundert nach der Pilgerfahrt des Mandé-Kaisers Kankan Mussa nach Mekka, auf der der Herrscher so viel

Gold verteilt hatte, daß der Goldmarkt zusammenbrach. Der König bewohne einen Palast, der mit riesigen Goldbarren gefüllt sei, alle lebten im Überfluß, bis spät in die Nacht werde auf den Straßen gefeiert, schrieb der Marokkaner Leo Africanus in seinem 1526 veröffentlichten Reisetagebuch. Aber Timbuktu war nicht nur ein Hort ungeheurer Reichtümer, sondern auch ein Wallfahrtsort. 333 Heilige sollen hier begraben sein, die Sankoré-Moschee beherbergte eine Universität, an der 20 000 Studenten sich in alle Zweige des damaligen Wissens vertieften. Die Manuskripte aus allen Teilen der islamischen Welt werden höher eingeschätzt als Gold und Silber, berichtete Leo Africanus. Heute werden die Reste der einst so berühmten Bibliothek im Centre Ahmed Baba aufbewahrt. Ein trostloser Anblick – Handschriften von unschätzbarem Wert drohen vor den Augen des Betrachters buchstäblich in Staub zu zerfallen. Die Unterstützung der UNESCO reicht nicht aus, um die Zerstörung aufzuhalten.
Daß die heilige Stadt lange für Ungläubige verschlossen war, nährte das Geheimnis, das sie umgab. Umso größer war die Enttäuschung der Forscher, die Timbuktu schließlich betreten konnten. „Ich hatte mir von Ausdehnung und Reichtum der Stadt eine viel großartigere Vorstellung gemacht, als es die Wirklichkeit bot“, notierte René Caillié, der über der Stadt eine tiefe Traurigkeit lasten sah. Heinrich

Barth, ein begeisterter Ethnograph, der ihm 1854 folgte, interessierte sich dagegen für das Leben der Einwohner. Das Haus, das er bewohnte, beherbergt heute ein Barth und den Entdeckungsreisen gewidmetes Museum.

Zum Mythos der Unerreichbarkeit hat sich die Trostlosigkeit gesellt. Der Harmattan, der Wind aus der Sahara, weht durch die sandigen Straßen: Die Wüste scheint die Stadt zurückerobern zu wollen. Die große Moschee von Sankoré ist leer. Auf einem freien Platz spielen Jugendliche Fußball, in der Nähe findet ein Ziegenmarkt statt, auf den Dünen in der Umgebung lagern die Tuareg. Die einstigen Herrscher Timbuktus sind heute eine Minderheit. Ihr feudales System kollabierte in den Dürren der siebziger und achtziger Jahre, die dazu führten, daß die Tuareg den größten Teil ihrer Herden verloren und völlig verarmten. Anfang der neunziger Jahre kam es zu einem Aufstand. Wenn man Timbuktu in Richtung Norden verläßt, passiert man die ‚Fiamme de la Paix', ein Monument, das entstand, als die Rebellen im März 1996 ihre Waffen öffentlich verbrannten.

Und doch gibt es etwas in Timbuktu, das die Stadt faszinierend macht, ein Geheimnis, das im Glanz der Boubous im Mondlicht aufleuchtet, wenn sich die Nacht über die Stadt senkt.

SAGENUMWOBENE STADT

Als Zentrum islamischer Gelehrsamkeit war Timbuktu im 19. Jahrhundert bekannt, als es noch ein gefährliches Abenteuer war, dorthin zu gelangen. Einer, der diesen mythischen Ort in die Realität holte, war der deutsche Ethnograph und Afrikaforscher Heinrich Barth. Zwei Jahre lebte er in Timbuktu, wo er über das Leben in der Stadt forschte und schrieb.

YAHA

ALBAKAYE O. KOUNTA

Die Sprache der Natur

Um das Rätsel von Timbuktu zu lösen, suche ich den Dichter Albakaye Ousmane Kounta auf. Die Kountas sind ein uraltes Geschlecht von Gelehrten, die ursprünglich aus Mauretanien stammten und dann jahrhundertelang das intellektuelle Leben von Timbuktu mitbestimmten. Kountas Vorfahren gründeten die Bruderschaft der Baqqa'iyya, die für ihre Offenheit gegenüber anderen Religionen bekannt war. Bei den Tuareg in der Wüste fand sie viele Anhänger. Die Peul aber, die seit Anfang des 19. Jahrhunderts im Westsudan den Islam mit dem Schwert verbreiteten, bekämpften die Kountas, die den Djihad mit der Feder führten. Immerhin war der Einfluß des Gelehrten Sidi Ahmad al-Baqqai so groß, daß er dem Peul-Emir die Stirn bieten und so dem Deutschen Heinrich Barth, mit dem er sich angefreundet hatte, das Leben retten konnte.

„Timbuktu ist meine Geburtsstadt", erzählt mir Albakaye Kounta. „Ich kenne die Geschichten jeder Straße, ich kenne die Geister, von denen man sagt, daß sie dort wohnen, die Teufel, die Herren – ich kenne sie alle. Ich liebe Timbuktu, weil es meine Geburtsstadt ist. Es ist eine mythische Stadt, die ihre Geheimnisse nicht leicht preisgibt. Man muß nach ihnen suchen. Seit ich lebe, versuche ich, diese Stadt zu verstehen, ihre Menschen, ihre Architektur, ihre Straßen, ihre Art zu leben und zu atmen.

Alles, was ein Mensch tun kann, ist auf das zu lauschen, was ihm die Bäume und die Tiere zu sagen haben. Selbst die Stille hat ihre Schmerzen und ihre Farben – man muß sie nur sehen und hören. Ich versuche, in meinem Schreiben so einfach wie möglich zu sein. Die Worte sollten das auszudrücken, was sich nicht durch Farben, durch Musik oder durch andere Künste sagen läßt. Das habe ich von Kindheit an von Timbuktu gelernt.

Nachts, wenn ich nicht arbeite, lausche ich auf die Sprache der Vögel, der Insekten und auch der Menschen. Ich höre nicht genau hin, sondern versuche zu erhaschen, was die Natur sagt. Wenn man sich auf die Sprache der Natur einläßt und sich in die Schöpfung versenkt, kann man viele Dinge lernen. Der Gesang der Vögel, der Insekten und der Menschen, die Geräusche der Flüsse, des Meeres und des Windes – das alles ist Sprache.

Die Wüste, das ist die Nacht, in der Stadt überwiegt der Tag. Aber überall sieht man nachts die Sterne, man sieht den Mond, und man denkt nach, nicht wahr?“

Heute geht's mir gut HOMBORI

Die bizarren Felsformationen von Hombori, die wir auf dem Weg von Timbuktu nach Gao passieren, gehören zu einer Bergkette, die im Land der Dogon beginnt und sich bis nach Kidal im Norden erstreckt. Steil erheben sich steinerne Türme, Zacken und Kegel aus einer lehmbraunen Ebene. Sie muten an wie Figuren eines gewaltigen Schachspiels, das urzeitliche Riesen gespielt haben. Jede einzelne Felswand enthält unendlich viele Details. Ich könnte Stunden damit zubringen, sie zu betrachten. Immer wieder tauchen neue Formen vor meinen Augen auf, phantastische Pflanzen, Palmen, Paläste, Burgen, Statuen, vor allem aber tierische und menschliche Figuren, Geisterkönige, Vögel mit nach oben gereckten Köpfen, Krokodile, Engel im Sturzflug, und immer wieder neue Gesichter, stolze Ritter, die einander anlächeln oder, starr vor Furcht, zu anderen Gestalten auf anderen Monumenten aus Stein hinüberschauen. Eine Landschaft, die schon Hunderttausende von Jahren existiert hat, bevor die ersten Menschen hier auftauchten. Die Landschaft ist riesig, viel zu groß, um auf ein Photo zu passen, denke ich, und mit viel zu vielen Details, um sie in einem einzigen Moment einzufangen. Es bedarf einer langen Meditation, bevor die Bilder lebendig werden. Vielleicht könnte ein Maler, der Monate hier verbringen würde, um jeden einzelnen Strich auf einer Felswand nachzuzeichnen, ihr eher gerecht werden.

Es scheint auch nicht angemessen, diese Landschaft der Visionen mit einem Auto zu durchfahren. Wir halten an und steigen aus. Wandern, fährt es mir durch den Kopf, ich möchte hier wandern, wochenlang, um die Bilder erfassen zu können, die bis jetzt nur so vorbeigerauscht sind wie in einem zu schnell eingestellten Projektor. Ich betrachte das Asphaltband, auf dem wir herangerollt sind, und bemerke plötzlich, daß die Straßendecke vielfältig ausgebessert ist. Jedes einzelne Segment hat eine andere Farbe, die Töne reichen von blassem Hellgrau über metallisches Grau bis zu dunkelrotem und fast schwarzem Schotter. Das Betrachten der Bilder, die mein Gehirn aus den Felsformationen hervorgezaubert hat, setzt sich auf der Teerdecke der Straße fort. Waren diese Formen und Farben vorhanden, bevor ich sie sah, oder handelt es sich nur um ein Spiel meiner Phantasie? Ich weiß es nicht, schaue wieder hinauf zu den steinernen Burgen, um mich zu vergewissern, und schon sind die Bilder wieder da.
Auf der Weiterfahrt holt uns der Regen ein, die Straße verwandelt sich in ein irisierendes, vielfarbiges Band. Es wird dunkel. In der Ferne taucht ein Tafelberg auf.
„Der Hombori Tondo ist mit 1155 Metern die höchste Erhebung Malis", verrät uns am nächsten Morgen Oumar, unser Führer, der

zu Füßen des Berges wohnt. „Wenn die Zeit der winterlichen Feldarbeit gekommen ist, gibt er uns ein Zeichen. In aller Frühe, gegen vier Uhr morgens, hören wir dann, wie der Berg singt. Nur wir, die alteingesessenen Bewohner dieses Dorfes, wissen das. Er bewacht die ganze Gegend, wir alle stehen unter seinem Schutz. Sein Name bedeutet ‚Heute geht's mir gut'. Früher brachten wir in dieser Jahreszeit dem Hombori Tondo Tieropfer dar. Ursprünglich wurde ein schwarzer Stier geopfert, aber heute werden viele dieser alten Bräuchen nicht mehr befolgt. Wir bringen keine Opfer mehr dar, weil 99 Prozent der Bevölkerung muslimisch geworden sind."
Nach einer Wanderung über das Felsplateau fahren wir weiter zur ‚Hand der Fatima', die Oumar uns zeigen möchte. Eine bizarre fünfzackige Felsenformation taucht am Horizont auf. Auch zu ihr weiß er eine Geschichte: „Für uns ist dieser Fels ein heiliger Berg. Von unseren Vorvätern haben wir gehört, daß sich hier früher eine mit Wasser gefüllte Grotte befand, ja, mehr als das – es war ein richtiges Meer, das sich bis zum Niger erstreckte und an dessen Ufer die Peul ihre Herden weideten. Als einmal Trockenheit herrschte, bat ein Peul seine Frau, Gras für seine Tiere zu sammeln. Ihr Name war Fatimata. Doch Fatimata wollte nicht gehen. Schließlich mußte der Mann selber Futter für seine hungernden Tiere suchen.

Am Abend ging Fatimata in der Dämmerung zum Wasser, um sich zu waschen. Sie hatte ihre Kleider abgelegt und war gerade dabei, sich mit Wasser zu übergießen, als plötzlich ein junger Mann auftauchte. Er stand am anderen Ufer, dort, wo das Meer an den Niger grenzte. Er war ein junger Hirte, der seine Tiere tränken wollte.
Für beide war es eine Überraschung, den anderen am gegenüberliegenden Ufer zu erblicken. Als der junge Peul geradewegs auf Fatimata zukam, bedeckte sie mit der einen Hand ihr Geschlecht. Die andere Hand erhob sie zu einer Geste der Abwehr, und sie schleuderte ihm diesen einen Satz entgegen: ‚Ich könnte dir einen Teil meiner Hand überlassen, aber nicht meinen restlichen Körper!‘ Damit verschwand sie.
Als Fatimatas Mann zurückkehrte, fand er sie nicht. Er fragte den heiligen Berg: ‚Wo ist Fatimata, meine Frau? Du mußt sie mir wiedergeben.‘ Als sie nicht mehr auftauchte, sagte er schließlich: ‚Auch wenn ich sie niemals wiedersehe, so ähneln doch die Spitzen dieses Berges ihren Fingerspitzen.‘
So entstand der Name ‚Hand der Fatima‘“, versichert uns Oumar, als wir am Fuß des Berges im Gras sitzen. „Heutzutage findet man hier viele Peul, weil es sich am Fuß der ‚Hand der Fatima‘ angenehm leben läßt. Es gefällt ihnen hier, die Tiere sind ruhig und es regnet

viel. Dieser Berg wird von den Leuten immer noch als heilig betrachtet. Es gibt noch weitere Ansiedlungen auf der Bergflanke, man nennt sie Le und Lirabe. Die Leute dort gehören auch zu einem Zweig der Peul. Sie haben sich auf der Höhe der ‚Hand der Fatima' niedergelassen. In den Grotten sind immer noch heilige Dinge versteckt, Dinge für den Regen, für die Felder, für das Glück, für den Schutz vor dem Unglück, aber niemand darf dort hingehen. Es ist wichtig, daß man den Frieden nicht stört!"

BERGBEWOHNER

In der wilden Felslandschaft bei Hombori sind tagsüber die Ziegen bei der Futtersuche in den Bergen, sie sind sehr geschickte Kletterer, steigen die steilsten Berge hinauf.

Die letzte Station **GAO**

Ein durchgesessenes Sofa und verblichene Wandgemälde zeugen immer noch vom Glanz vergangener kolonialer Tage, aber die Lobby ist leer. Es scheint, als ob das Hotel Atlantide schon vor Jahrzehnten mitsamt seinen Bewohnern in einen Dornröschenschlaf gesunken sei. Nach längerem Warten erscheint schließlich ein Mann. Ja, davon habe er gehört, murmelt er, als ich ihn nach den Flüchtlingstrecks frage. Gao ist die letzte Station der Migranten, die von hier aus in die Wüste aufbrechen. Der endlose Weg durch den Norden Malis nach Marokko oder Algerien, der von Schlepperbanden kontrolliert wird; die Maschendrahtzäune, die immer höher gezogen werden, und die bewaffneten Patrouillenboote, die sie erwarten, können die Flüchtlinge von dem höllischen Weg ins trügerische Paradies Europas nicht abhalten, habe ich in einer deutschen Zeitung gelesen. Doch die Stadt bietet keine dramatischen Szenen. Gao liegt im Mittagsschlaf, wenn man von dem Hafen und der überdachten Markthalle am Ufer absieht, an dem auch zu dieser Stunde Händler unterwegs sind.

Der Zeitungsartikel hätte Gao eine Menge Ärger eingebracht, sagt der Mann am Tresen und schüttelt den Kopf. Seitdem würde er Fremden nichts mehr über die Auswanderer erzählen. Von Europäern, die nach Sensationsgeschichten über verzweifelte Afrikaner

suchen, die in der Wüste verdurstet sind oder von Schleppern in die Irre geführt wurden, hat er offensichtlich die Nase voll. Der Mann zuckt die Achseln. Die Trecks seien ohnehin zum Stillstand gekommen, seit es in der Gegend von Kidal, der Tuaregsiedlung im Norden, wieder zu bewaffneten Auseinandersetzungen gekommen sei, meint er dann und verfällt in Schweigen.

Vor dem Hotel sitzt ein junger Mann, der einen Turban um den Kopf geschlungen hat. Auf dem Feuer vor ihm brodelt ein Teekessel. Seine Freunde haben sich um ihn geschart, sie plaudern miteinander und warten, bis sie an die Reihe kommen. Auch mir bietet der junge Mann eine Schale der dunkelgrünen, bitteren Flüssigkeit an. Als ich mich verabschiede, frage ich ihn nach seinem Namen. Souleymane, sagt er und deutet eine Verbeugung an. „Souleymane le magnifique!“ rufen die anderen Männer, die um das Feuer sitzen, im Chor. „Er ist der große Historiker der Songhai!“

„Kannst du mir etwas über den Fischgott im Niger erzählen?“ frage ich ihn. „Den magischen Fisch? Den kennt doch jeder!“ antwortet er. „Komm morgen wieder, dann zeige ich dir, was es hier in Gao noch alles zu sehen gibt!“

„Koyma“, sagt Souleymane als erstes, als wir uns am nächsten Morgen begegnen. „Was heißt das?“ frage ich. „Du wirst verstehen“, gibt er zurück. „Das ist Songhai. In unserer Sprache ist das der Name der Düne, die die Franzosen La Dune Rose nennen." Er deutet in die Ferne. Vom Hotel aus kann man sie nicht sehen, aber als wir hinunter zum Hafen gehen, um eine Piroge zu suchen, die uns zum anderen Ufer bringen kann, taucht sie in der Ferne aus der Morgendämmerung auf – eine riesige Düne, hoch wie ein Berg. Ihren französischen Namen bekam sie von der Farbe, mit der sich allabendlich der Widerschein der untergehenden Sonne auf ihrem sandigen Abhang spiegelt.

„Früher wurde sie die Düne der Zauberer genannt", fährt Souleymane fort, als wir das Boot besteigen. „Niemand wollte sich auf ihr niederlassen, denn sie galt als ein Ort der Zauberei. Nachts hat man Leute gesehen, die über die Düne hinwegflogen, und überall brannten Feuer. Das waren die Feuer der Magier aus dem Ausland, die kamen, um die Zauberer von Koyma zu besuchen."

Wie ein Berg wächst die Düne aus dem Wasser des Niger, als wir uns nähern. Nirgendwo in Mali wird der Kontrast zwischen der Wüste und dem Fluß so deutlich wie hier. „Früher sind die Leute nicht auf die Düne geklettert, weil sie als ein heiliger Platz galt, den man nicht so ohne weiteres betreten durfte", kommentiert Souleymane, als wir aus der Piroge steigen und die ersten Schritte auf dem

HOTEL ATLANTIDE DE GAO
BP. 29
TEL. 82.01.30
W.C. 01 02 03
"LE VILLAGE"

steilen Hang machen, der zum Gipfel führt. „Man mußte ein Held sein, um sie besteigen zu können. Das war die Zeit, in der alle noch Animisten waren. Sie glaubten nicht an den lieben Gott, sondern an den Fischgeist!"

„Wir Songhai waren immer Fischer. Wir leben auf dem Fluß, und wir beschäftigten uns mit den Fischen, den Flußpferden, den Krokodilen, den Kaimanen, mit allem, was im Fluß lebt", fährt er fort. „Der Fischgeist war der Herr der Songhai. Er war uns heilig, wir haben ihn sehr geliebt, und weil wir ihn wie einen Gott verehrten, hat er sich auch um uns gekümmert. Durch den Fischgeist verfügten wir über große Macht. Wenn wir die Geister um etwas baten, haben wir es ohne Probleme bekommen. Die Songhai jagten Flußpferde und Kaimane; wenn einer erlegt worden war, wußte man den ganzen Fluß entlang, daß ein Songhai der Jäger war.

Sogar die Tuareg mußten das anerkennen. Wir kannten den Busch nicht, aus dem sie kamen, wir lebten am Fluß. Wenn ein Tuareg an den Fluß kam, um Wasser zu schöpfen, ohne uns um Erlaubnis zu fragen, fand er in seinem Gefäß einen Kaiman. Er versuchte den Kaiman von sich zu schleudern, aber es gelang ihm nicht. Der Fluß wurde vom Fischgeist beherrscht. Wenn er es nicht erlaubte, konnte niemand auch nur einen Tropfen Wasser aus dem Fluß schöpfen.

Als die Songhai den Tuareg die Erlaubnis erteilten, haben sie Wasser geschöpft, ihre Kamele genommen und sind in den Busch zurückgekehrt. Seither versuchen sie, Wasser von uns zu bekommen. Also schlossen sie einen Pakt mit den Songhai. Gut, haben die Songhai gesagt – das Wasser gehört uns, aber wenn ihr uns beim Ackerbau helft, könnt ihr nach jeder Ernte ein wenig davon mitnehmen. Das war das Gesetz des Fischgeists, dem das Wasser gehörte.

Doch das ist Vergangenheit, heute existiert das alles nicht mehr, weil wir alle Muslime geworden sind. Aber im Gedächtnis der Alten ist etwas haften geblieben. Selbst der Platz des Fischgeistes existiert bis heute, in Bentia, 215 Kilometer von hier. Aber jetzt solltest du das Grab von Mohamed Askia anschauen!“

„Früher sind die Menschen nicht auf das Dach gestiegen“, sagt Souleymane, als wir uns dem Grab des Königs nähern. „Es stand auch kein Lautsprecher darauf – es gab ja keine Elektrizität. Die Leute kamen hierher, um zu beten. Jeden Freitag bettelten die Armen auf dem Pilgerweg, der zur Moschee führte, um Almosen.“

Die pyramidenförmige Kuppel, die sich über dem Grab erhebt, sieht man schon von weitem, es ist eins der höchsten Gebäude von Gao. Mohamed Askia sei unter der Pyramide begraben, erzählt Souleymane. „Zur Zeit von Mohamed Askias Vorgänger Sonni Ali Ber

waren die Songhai Animisten. Das änderte sich erst mit Mohamed Askia. Als er von seiner Pilgerfahrt nach Mekka zurückkehrte, zog er mit seinen Truppen durch das ganze Land – von Gao bis Koukia, von Koukia bis Bentia, von Bentia bis Sané – und bekehrte die Bevölkerung. Es dauerte Jahre, bis das ganze Reich der Songhai islamisch wurde. Dann baute er diese große Moschee. Die Balken dafür hatte er aus Mekka mitgebracht. Als sie beinahe vollendet war, rief er seine Leute zusammen und sagte ihnen, daß er nach seinem Tod in der Moschee beigesetzt werden wolle.
Er starb in Gouzoureye, einem kleinen Dorf, das auf einer Insel mitten im Fluß liegt. Dorthin hatte er sich zurückgezogen, nachdem ihn sein Sohn entmachtet hatte. Doch der Körper von Mohamed Askia wurde hierhergebracht und in der Pyramide niedergelegt. Er hatte verfügt, daß er nicht gestört werden wollte. Er wollte seine Ruhe haben, und so ist es bis heute geblieben.

Aber jedes Jahr wird die Moschee neu verputzt", setzte Souleymane hinzu. „Die ganze Stadt macht mit. Ob du Muslim bist oder nicht, spielt dabei keine Rolle! Selbst wenn du nur auf der Durchreise bist und gerade deine besten Kleider trägst – sie setzen dich auf das Gerüst, und du hilfst mit, den Banco zu verteilen. Das muß sein. Deshalb steht die Moschee auch am besten Platz von ganz Gao."

Der heilige Berg MISSIRIKORO

Auf dem Rückweg nach Bamako machen wir einen Abstecher in den Süden. Allmählich wird das Land grüner. Wälder säumen die Straße, der Weg führt durch Teeplantagen und Baumwollfelder. Rote Blumen flammen am Straßenrand auf, gelbe Blüten leuchten aus den Blättern der Bäume, zwischen denen unaufhörlich zwitschernde Vögel ihre hängenden Nester bauen. Es sieht aus, als würden wir durch einen Garten oder Park fahren.

Man hatte uns erzählt, daß es bei Sikasso einen Berg geben soll, an dem seltsame Riten durchgeführt würden. An der östlichen Seite sei eine Grotte, in der seit Tausenden von Jahren Tiere geopfert würden, die andere Höhle dürften nur die Marabouts benutzen, um sich in der Dunkelheit in die innere Welt zu vertiefen. Immer wieder würde berichtet, daß die Dschinn, die den Berg bewachten, den Pilgern Essen und Getränke anböten, bis eine alte Frau sie nach der Herkunft der Speisen fragte – da waren die Speisen mitsamt den Dschinn verschwunden.

Missiri heißt Stein, Fara Missiri, die steinerne Moschee, wird der Berg genannt. Es gibt keine Straße, die dort hinführt, man braucht einen Führer, der weiß, an welcher Stelle man durch eine Bresche in den Lehmwällen von Sikasso klettern kann, die die Könige von Kénédougou 1890 zum Schutz vor den Franzosen und dem Was-

sulu-Reich errichten ließen. Die Wälle waren einst sieben Meter hoch und drei Meter breit. Auf kaum kenntlichen Pfaden nähern wir uns dem Berg, einem riesigen rötlich schimmernden Steinblock, der sich aus den Bäumen eines kleinen Waldes erhebt. In einiger Entfernung ragt ein weiterer Steinbrocken aus dem Blattwerk heraus. „Der ist für die Männer da", murmelt unser Führer. „Da gibt es keine Höhle! Wir wollen zum Berg der Frauen."

Zielstrebig geht er auf eine Stelle zu, an der sich ein Spalt in eine große Höhle öffnet. Die Öffnung ist groß genug, um Sonnenlicht in den Eingang fallen zu lassen. Hoch über uns schließen sich die steil nach oben strebenden Felswände zu einer Grotte zusammen. Wie weit sie in den Berg hineinführt, läßt sich nicht erkennen. Einige Frauen kriechen, mit Bündeln behängt, gebückt ins Innere; ein Mann sitzt allein in einer Nische in der Felswand, vertieft in ein Buch, das er vor sich liegen hat, und murmelt kaum hörbare Worte; ein anderer hockt neben einem Feuer, auf dem ein Kessel steht. Eine Gruppe klettert vorsichtig über Hölzer, die über einen Abgrund gelegt worden sind. Darunter ist es finster. Ich beuge mich hinunter und versuche herauszufinden, wie tief die Felsspalte ist. Der Boden ist nicht zu erkennen, mein Blick verliert sich in der undurchdringlichen Schwärze. Es riecht nach kaltem Rauch. Es ist ruhig. Leise

hallen Menschenstimmen im Gewölbe wider, von draußen dringen die Rufe der Vögel herein.

Wir gehen hinaus und folgen dem Pfad, neugierig, den zweiten Eingang zu entdecken, doch der ist nicht zu finden. Nach einiger Zeit endet der Trampelpfad vor einer Leiter, die zu einem Felsvorsprung führt. Horst klettert hinauf, um den Ausblick zum Photographieren zu nutzen, ich will versuchen, einen Weg zu finden, der um den Berg herumführt.

Es gibt keinen. Schon nach wenigen Schritten verliert sich die Spur in einem undurchdringlichen Dickicht. Ich krieche ein paar Meter weit unter den Sträuchern hindurch. Ich kann bald nicht mehr erkennen, wo ich hintrete, und kehre um.

Auf dem Weg zurück erblicke ich unter einem Baum einen jungen Mann, der vorher nicht dort gesessen hat. Er trägt einen langen Umhang von bräunlicher Farbe und ist gerade dabei, sein Essen zuzubereiten. Er sieht nicht zu mir hoch, als ich stehen bleibe, sondern schält mit ruhiger Hand seine Kartoffeln. Da der Mann sich nicht von meiner Gegenwart stören läßt, bleibe ich und schaue ihm zu. Als ich den Blick hebe, um die Umgebung zu mustern, bemerke ich den Spalt im Fels, vor dem der Mann sitzt. Der Eingang ist schmal. Man kann nicht erkennen, wie tief die Höhle ist, der Einblick ist schon nach einigen Schritten mit einem aus Plastikplanen zusammengestückelten Vorhang verhüllt. Müde geworden, kauere ich mich schließlich hin. Der junge Mann blickt auf, dann schiebt er mir mit scheuem Lächeln ein Stück Plastikplane hin. Schweigend nehme ich die wortlose Einladung an, breite die Plane aus und setze mich. Während der Mann weiter mit dem Vorbereiten seines Essens beschäftigt ist, lasse ich meinen Blick auf dem bemoosten Eingang der Höhle ruhen.

Wahrscheinlich kommt er jeden Abend um diese Zeit heraus, um sein Essen zuzubereiten. Er ist ein Marabout, einer von denen, die sich in die Dunkelheit begeben, um sich in sie zu vertiefen. Ich habe gehört, daß Marabouts sich für eine Periode von 40 Tagen oder auch kürzer ein Schweigegebot auferlegen, je nach dem Gewicht des Problems, das sie in der Dunkelheit zu lösen haben, aber es ist wichtig, daß derjenige, der sich in die Höhle zurückzieht, nicht mit anderen Menschen spricht und sich sein Essen selber zubereitet, so wie es der junge Mann tut, der vor mir sitzt.

Die Geschichte von den Geistern fällt mir ein, die den Pilgern Essen anbieten. Auf eine merkwürdige Weise paßt sie zu meiner Situation, und ich muß lächeln. Der junge Marabout scheint es zu bemerken, denn er hebt den Kopf und lächelt zurück. Einige Sekunden lang sehen wir uns an, dann wendet er sich wieder seinen Kartoffeln zu. Er ist noch jung. Sein Gesicht hat etwas Kindliches, aber es sieht auch uralt aus. Die Augen sind schwarz und klar und haben einen Ausdruck, der schwer zu beschreiben ist – sie scheinen verzückt, ekstatisch, gleichzeitig aber sind sie auch völlig ruhig. Eine große Stille liegt darin. Vielleicht ist es der Widerschein der vielen Stunden, die er in der Dunkelheit verbracht hat. Obwohl wir kein Wort miteinander wechseln, scheint er mit mir zu sprechen, mir etwas zu zeigen. Mein Blick fällt auf den Vorhang, der das Innere verhüllt. Ein dunkles Geheimnis liegt dahinter.

Aus dieser Höhle bin ich einmal gekommen, zieht es mir durch den Kopf. Es ist die dunkle Öffnung im Leib meiner Mutter, durch die ich auf die Welt gekommen bin, und in diese Höhle werde ich wieder zurückkehren in die Dunkelheit des Todes. Einigen Menschen – wie diesem Marabout – ist es gegeben, in die Dunkelheit einzutau-

chen und die Bilder, die sie in ihr finden, zurückzubringen. Dahin kann ich ihm nicht folgen. Der Vorhang ist verschlossen. Plötzlich wird mir klar, daß ich am Ziel meiner Reise angelangt bin. An diesem Punkt muß ich umkehren, aber ich weiß, daß ich eines Tages in diese Höhle zurückkehren werde.

Es wird bereits dunkel, dann beginnt es zu regnen. Plötzlich taucht Horst wieder auf, der oben auf dem Felsen gewesen ist und photographiert hat. Eine Stunde mag seitdem vergangen sein. Wortlos packt der Marabout seine Gerätschaften zusammen und winkt uns, ihm in den Eingang der Höhle zu folgen, wo wir vor dem Regen geschützt sind. Gemeinsam blicken hinaus auf den Baum, unter dem unser Gespräch stattgefunden hat, dann brechen Horst und ich schweigend auf, um vor Einbruch der Dunkelheit wieder in Sikasso zu sein.

DER HERR DER PFERDE

Am Abend vor meinem Rückflug suche ich noch einmal das Hotel am Stadtrand von Bamako auf, in dem meine Reise begann. Man hatte mir erzählt, sein Besitzer, Dr. Mamadou Simaga, sei ein großer Kenner der afrikanischen Traditionen, der mir etwas von dem Geist Afrikas vermitteln könne. Als ich ihm von meinem Traum erzähle, bricht er in ein fröhliches Lachen aus:

„Kein Wunder! Jeder, der hierherkommt, hat einen Traum. Das ganze Hotel beruht auf einem Traum. Es hat nie einen Architekten gesehen – ich habe das alles selber geträumt, und dann habe ich es aufgezeichnet und bauen lassen. Es gibt hier nichts, was ich nicht selbst entworfen hätte, selbst die Möbel. Sogar die Farben habe ich selber hergestellt, genau so, wie ich sie im Traum erblickt habe.

Ich bin zwar der Besitzer dieses Hotels, aber für mich ist es in erster Linie die Residenz eines Dschinn. Wir Afrikaner glauben, daß jeder Mensch von einem Dschinn begleitet wird, einem Geist, der ihm Orientierung gibt. Der Dschinn, der hier residiert, ist der Enkel des uralten Geistes Chamrous, der schon dem Propheten Mohammed beigestanden hat. Vor nicht allzu langer Zeit ist seine Tochter Maimouna die Königin aller Dschinn von Schwarzafrika geworden. Sie residiert ganz in der Nähe, etwa fünf Kilometer entfernt. Ihr Sohn wurde hier geboren, und das ist der Grund, warum dieses Hotel ein

großes spirituelles Zentrum ist. Viele Marabouts kommen hierher, um sich zurückzuziehen und ihre spirituellen Übungen durchzuführen. Sie sagen, daß die Dschinn ihnen dabei helfen, ihre Probleme zu lösen. Ihr Europäer versucht, Träume als eine Äußerung des Unbewußten zu erklären, doch das ist nicht die ganze Wahrheit. Für uns ist der Traum eine Realität, er bietet uns Orientierung, denn der einzelne ist allein. Im Traum helfen ihm die Geister, den richtigen Weg zu finden. Es mag sein, daß Träume aus dem Unbewußten kommen, das zu arbeiten beginnt, wenn wir schlafen, aber für uns sind es die Dschinn, die uns im Traum etwas zuflüstern. Auch dein Traum wurde dir von einem Dschinn geschickt .

Die kulturelle Tradition Malis hat mich schon immer fasziniert. Wenn ich Mali sage, meine ich damit nicht nur den heutigen Staat Mali, sondern das große Reich, das sich von der Wüste bis an den Atlantik erstreckte. Guinea, Guinea Bissau, Gambia, Senegal, sogar ein Teil des Tschad und der gesamte Norden der Elfenbeinküste, all das war Mali, in dem es eine homogene Kultur vieler verschiedener Ethnien gab – seien es die Malinké, die Bambara, die Peul oder die vielen anderen. Heute ist Mali ein Vielvölkerstaat mit einer gemeinsamen Autorität. Man könnte sagen, daß ganz Westafrika bei uns vertreten ist. Schon im Mittelalter existierte hier ein strukturierter

Staat. Als Kankan Mussa, der Kaiser von Mali, im Jahr 1325 die große Pilgerfahrt nach Mekka unternahm, brachte er so viel Gold in die arabischen Städte, daß der Goldpreis zusammenbrach. Die Auswirkungen waren bis hin nach Europa zu spüren. Kankan Mussa hat sogar mit dem König von Frankreich korrespondiert, das damals viel weniger entwickelt war als Mali.

Seitdem haben wir uns kulturell angepaßt, und dabei haben wir viel von unserer Kultur verloren. Doch ich bin davon überzeugt, daß selbst unter den entwickelten Nationen nur die erfolgreich sein werden, die eine harmonische Verbindung zwischen dem modernen wirtschaftlichen Management und ihrem Wissen um ihre Ursprünge und Bräuche schaffen. Die Globalisierung ist vor allem ein Krieg um Werte. Wir sind Zeugen eines großen Dilemmas – wer nicht gewinnt, wird verschwinden. Das ist die Logik der Revolution, die die Globalisierung darstellt. Wenn zwei Zivilisationen aufeinandertreffen, scheint immer diejenige, die die angenehmeren Züge hat, besser abzuschneiden. Besonders bei 40 Grad im Schatten ist es angenehmer, sich in einem klimatisierten Auto zu bewegen als auf einem Pferderücken.

Doch schau dir das Pferd an, das im Garten meines Hotels lebt. Pferde sind für uns sehr, sehr wichtig. Als Leopold Senghor Präsident des Senegal wurde, berief er die erste Konferenz über die Zivilisation der Mandinké ein. Er sagte damals, daß unsere Zivilisation die der Frau, des Pferdeschweifs und des Gewehrs sei. Überall in Afrika, wo es Pferde gab, erstreckte sich das Reich der Mandinké. Simaga, der Name meiner Familie, bedeutet Meister des Pferdes. Es ist in unserer Familie Tradition, ein Pferd zu halten. Bevor ich diesen Schimmel besaß, habe ich eine Statue anfertigen lassen, die ebenfalls das Pferd symbolisiert. Bei uns sagt man, wenn du dein Pferd gut ernährst, vermehrt Gott deine Habe, aber wenn du ein Pferd schlecht hältst, steht dir ein sozialer Abstieg bevor.

Ihr Weißen glaubt, daß die Afrikaner abergläubisch seien, aber gehören Horoskope in Europa nicht zu den meistgelesenen Schriftstücken? Doch es gibt einen Unterschied: Die Hellseher und Tarotleger, die den Milliardären an der Côte d'Azur die Zukunft voraussagen, kommen in Anzug und Krawatte daher, während unsere Zauberer in einem zerlumpten Boubou erscheinen. Sie arbeiten mit Pflanzen, mit Krokodilhäuten, mit den Fellen weißer Mäuse, dem Blut schwarzer Ziegen, und sie ziehen sich in heilige Haine zurück, um ihre Kunst zu üben. Sie werfen Kaurimuscheln oder lesen die Zukunft aus Zeichen im Staub heraus. Ich glaube an unsere Zeichenleser und Kaurimuschelwerfer, denn sie lassen uns nicht allein. Eure Gesellschaft wird von Individuen vorangetrieben, in unserer Gesellschaft dagegen ist das Individuum nur ein Glied in einer großen Kette. Schaut euch die fünf Finger einer Hand an. Keiner dieser fünf Finger ähnelt dem anderen, aber man braucht alle fünf, damit die Hand etwas ergreifen kann. Der eine Finger ist dick, der andere klein, der eine lang, der andere ist schlank. Das ist es, was das Leben der Menschen ausmacht. Es bringt mich immer wieder zum Lachen, daß ihr Europäer in den Weltraum reist, aber wenn ein Hurrikan kommt, ergreifen alle die Flucht. Ihr könnt noch nicht einmal die Kräfte des Wassers und des Feuers in dieser Welt bändigen – was also sucht ihr da oben?

Ich war gerade in Frankreich, und ich war überrascht von dem Überfluß, der dort herrscht. Und trotzdem seid ihr nicht glücklich! Ihr habt sogar das Lachen verloren! Das Leben erscheint euch hart. Niemand ist sich mehr des nächsten Tages sicher, jeder, sei er Arbeiter oder Manager, fragt sich: Was soll morgen aus mir werden? Wir dagegen haben nichts, aber wir haben noch nicht vergessen, wie man lacht, wie man singt! Bei uns weint und lacht die Musik, je nach Anlaß. Sie preist den höchsten Gipfel der Moral oder verdammt den schäbigsten Verrat. Wie der Traum, so zeigt und erklärt die Musik alles.

Wenn ihr den Traum tötet, werdet Ihr sehr unglücklich werden, trotz all eures Reichtums. Die Weißen müssen wieder lernen zu träumen. Sie haben das Träumen vernichtet, das Naive, das Kindliche. Träumt ein bißchen! Denn das ist der Traum: Das Kindliche, das Naive. Der Traum ist der Zucker, den man in den Kaffee tut!“

POISSON

LITERATUR

Ray Autra, *L'interprétation des rêves dans la tradition africaine,* Abidjan 2001

René Caillié, *Voyage à Tombouctou,* Paris 1982

Harold Courlander, *The Heart of the Ngoni. Heroes of the African Kingdom of Segu,* Amherst 1994

Christopher John Farley, „Ali Farka Touré. Sound Travels", in: Peter Guralnick (Hrsg.), *Martin Scorsese Presents The Blues,* New York 2003

Jean-Marie Gibbal, *Genii of the River Niger,* Chicago und London 1994

Marcel Griaule, *Schwarze Genesis. Ein afrikanischer Schöpfungsbericht,* Freiburg 1970

Helmut Klopfer (Hrsg.), *Das arabische Traumbuch des Ibn Sirin,* München 1989

Adame Ba Konaré, *Parfums du Mali,* Paris 2007

Albakaye Ousmane Kounta, *Sanglots et dédains,* Bamako 2003

Katja Kreder, Friedrich Köthe und Daniela Schetar, *Afrika zwischen Traum und Wirklichkeit,* München 2002

André Magnin, *Malick Sidibé,* Zürich, Berlin und New York 1998

Jean-Luc Manaud und Martine Ravache, *Strom der Wüste. Der Niger,* Bielefeld 2004

Parm. Cheick Ahmed Tidiane N'Diaye, *Les rêves, le tremblement de toutes les partiés du corps et leur signification,* Conakry o. J.

Paul Parin, Fritz Morgenthaler und Goldy Parin-Matthèy, *Die Weißen denken zuviel. Psychoanalytische Untersuchungen bei den Dogon in Westafrika,* Hamburg 2006

Mungo Park, *Reisen ins innerste Afrika,* Stuttgart und Wien 1995

MUSIK UND FILM

Toumani Diabaté und Ali Farka Touré, *In the Heart of the Moon,* World Circuit 2005

Toumani Diabaté's Symmetric Orchestra, *Boulevard de l'Indépendance,* World Circuit 2006

Toumani Diabaté, *The Mandé Variations,* World Circuit 2008

Madina N'Diaye, *Bimogow,* Sound of World 2006

Martin Scorsese, *The Blues – Feel like going home,* USA 2003

Ali Farka Touré mit Ry Cooder, *Talking Timbuktu,* World Circuit 2002

Ali Farka Touré, *Niafunké,* World Circuit 2002

Ali Farka Touré, *Savane,* World Circuit 2006

MERCI

Wir bedanken uns bei Toumani Diabaté, der uns viele Türen geöffnet hat, bei Adriana Rodriguez-Schael für die Begleitung auf mehreren Reisen, ihre Video-Dokumentation und die Transkriptionen der Interviews, bei Heide Wegat, die uns in ihrem Haus in Bamako aufnahm, bei Kettly Noel für faszinierende Einblicke in ihre Tanzschule Danko Secko und bei Ibrahim Sidibé, der uns als Übersetzer half. Vielen Dank auch an Thomas Keller, der uns auf seine Mali-Expedition eingeladen hat.
Vor allem möchten wir allen Freunden unseren Dank aussprechen, die wir in Mali neu gewonnen haben und die uns bereitwillig Auskunft über ihre Träume gegeben haben. Ihre Gastfreundlichkeit hat uns tief beschämt. Während wir überall auf offene Türen und Herzen stießen, werden Malier, die zu uns nach Europa kommen möchten, unter schändlichen und menschenunwürdigen Bedingungen abgewiesen. Hätten sie nicht allen Grund, Europäern ablehnend gegenüber zu stehen? Das Gegenteil war der Fall. Das Mali ihrer Träume entdeckten wir als ein Land, das alle Vorurteile wiederlegte, die in den Köpfen der Europäer über Afrika herumspuken. Merci! À bientôt!

IMPRESSUM

Die Deutsche Nationalbibliothek verzeichnet diese Publikation in der Deutschen Nationalbibliographie; detaillierte bibliographische Daten sind im Internet über http://dnb.d-nb.de abrufbar.

Text **PETER PANNKE**
Photographien **HORST A. FRIEDRICHS**

Lektorat **RUTH KLUMPP,** Darmstadt
Gesamtgestaltung und Typographie **YVONNE MEYER-LOHR,** Düsseldorf
Herstellung **VERLAGSSERVICE RAU,** München
Reproduktion **REPRO LUDWIG,** Zell am See
Druck und Bindung **MKT Print,** Ljubljana

Printed **IN SLOVENIA**

ISBN **978-3-89405-693-3**